L'AMORE DI DIO
È IN MEZZO A NOI

DIONIGI CARD. TETTAMANZI
Arcivescovo di Milano

L'AMORE DI DIO È IN MEZZO A NOI

La missione della famiglia a servizio del Vangelo

FAMIGLIA DIVENTA ANIMA DEL MONDO

Anno pastorale 2008-2009

CENTRO AMBROSIANO

ISBN 978-88-8025-648-9

In copertina:
VINCENT VAN GOGH, *Il seminatore*, giugno 1888
Olio su tela
Nr. inventario KM 106.399
Collezione Kröller-Müller Museum, Otterlo. The Netherlands

ITL srl - Via Antonio da Recanate, 1 - 20124 Milano
www.centroambrosiano.it

Introduzione

La nostra lettera siete voi

Famiglia, permettimi di darti del tu

1. Carissimi, iniziando quest'anno la terza tappa del *Percorso pastorale* mi chiedo: *a chi desidero rivolgermi?* Ai singoli, alle famiglie, ad alcune categorie di persone, alle comunità cristiane, a tutti?

Mi rivolgo, in primo luogo e direttamente, alle famiglie, a tutte le famiglie indistintamente. Vorrei dire: *Famiglia, permettimi di parlare con te*, così come sei nella concretezza della tua vita quotidiana.

Non sei una semplice aggregazione sociale. *Sei un "tu" personale e indispensabile, un soggetto di fondamentale importanza per la Chiesa e per la società!* Né l'una né l'altra potrebbero fare a meno di te. Per loro tu sei autentica cellula vitale e risorsa incomparabile! *Di te la Chiesa e la società vivono*; in te possono scoprire le sorgenti della vita, la custodia della sofferenza, l'ospitalità dell'amore. Da te la Chiesa e la società ricevono edificazione e testimonianza; le tue gioie e i tuoi progressi sono le gioie e le speranze di tutti; senza di te verrebbe a mancare qualcosa non solo di prezioso, ma di irrinunciabile, di costitutivo.

Accogli dunque queste mie pagine come la lettera di una persona cara, che trasmette stima, affetto, gratitudine.

Come fratello e vescovo sento vicina a me ogni famiglia, così come è, in qualunque condizione si trova: famiglie che conducono un'esistenza all'insegna della serenità, della condivisione e della gioia, e famiglie che attraversano la difficile stagione della sofferenza e del lutto, o il cui *cuore* è *ferito* (cfr *Il Signore è vicino a chi ha il cuore ferito.* Lettera agli sposi in situazione di separazione, divorzio e nuova unione. Epifania 2008).

Penso alle famiglie che hanno potuto trasmettere il dono della vita ai propri figli, a quante soffrono per l'impossibilità di farlo, alle famiglie che hanno trovato altre modalità di esprimere la propria fecondità. Penso alle famiglie più giovani, appena costituite, e a quelle sorte da tanto tempo; a quelle giunte da paesi e culture geograficamente distanti da noi, con un bagaglio culturale per noi nuovo, e a quelle che hanno da sempre abitato il nostro territorio. Mi rivolgo alle famiglie disagiate e a quelle che stanno bene. Il mio pensiero va alle famiglie credenti e a quelle non credenti, alle situazioni familiari nelle quali l'amore è forte e sincero, oppure è incerto e fragile.

Tutte, tutte quante siete famiglie degne di rispetto, di ammirazione, di stima, di affetto! Tutte avete qualcosa di bello, di grande, di unico da testimoniarci e da trasmetterci.

Vorrei potervi incontrare e ascoltare di persona i sentimenti, le attese, i dubbi e i problemi con i quali, come famiglia, dovete quotidianamente confrontarvi sul vostro territorio, nelle vostre comunità, nel mondo e nel clima culturale di oggi.

Vorrei poter *dialogare con voi*, in modo semplice e sincero: come avviene tra le persone di una stessa famiglia! Già nella prima tappa del *Percorso pastorale* (*Famiglia ascolta la parola di Dio*, anno pastorale 2006-2007) avevo chiesto a tutte le comunità parrocchiali di realizzare momenti di incontro e di ascolto della parola di Dio e della parola viva delle famiglie. Penso in particolare agli interrogativi legati all'esperienza di fede, ai problemi della vita morale e alle fatiche dell'educazione dei vostri figli, su cui mi sono soffermato nella seconda tappa del *Percorso* dell'anno pastorale 2007-2008 (*Famiglia comunica la tua fede*).

Vorrei quest'anno proseguire con voi il *dialogo sulle questioni che riguardano la vita pubblica e civile,* sulle questioni che legano la famiglia alla società, al mondo della scuola e del lavoro, all'ambiente sociale, al quartiere o alla città o ai paesi nei quali abitate. Vorrei con voi riprendere il cammino in questo anno pastorale 2008-2009, perché veramente *la famiglia diventi l'anima del mondo.*

Nel mio cuore sta un desiderio grande al termine di questo *triennio pastorale.* Vorrei dirvi: *care famiglie*, ormai non ho più bisogno di aggiungere altro riguardo a voi, al vostro cammino di fede, alla vostra esperienza vissuta, perché *siete diventate voi stesse la mia lettera*, il riflesso vivo di quel *piccolo vangelo* «scritto ogni giorno con le scelte e i gesti, anche i più semplici e abituali» del vostro vissuto (cfr *Famiglia comuni-*

ca la tua fede, n. 2), che si alimenta alla luce e alla forza del *grande vangelo* che è Gesù stesso, la sua parola, la sua vicenda, la sua persona.

Traduco così per voi quanto san Paolo scrive ai cristiani di Corinto: «*La nostra lettera siete voi, lettera scritta nei nostri cuori, conosciuta e letta da tutti gli uomini. È noto infatti che voi siete una lettera di Cristo composta da noi, scritta non con inchiostro, ma con lo Spirito del Dio vivente, non su tavole di pietra, ma sulle tavole di carne dei vostri cuori*» (2 *Corinzi* 3,2-3).

Sarebbe proprio questo, per me, il traguardo più bello del triennio pastorale: non avere più nulla da aggiungere sulla famiglia, perché guardando a voi e accogliendo la vostra testimonianza di dedizione, di fedeltà, di amore, qualunque altra famiglia e qualsiasi altra persona in ricerca del proprio cammino possano dire: davvero *l'amore di Dio è in mezzo a noi!*

Famiglia, sei anima del mondo

2. In questa terza tappa del *Percorso pastorale* vogliamo insieme riscoprire la vocazione straordinaria cui è chiamata ogni famiglia: *Famiglia, diventa anima del mondo!*

Sento però che mi devo esprimere in termini ancora più forti. Limitarmi a dire "diventa", rimanda sì ad un *imperativo di vita*, ad un impegno che la famiglia si deve liberamente assumere, ad una coerenza che deve assicurare. Ma questo è troppo poco, perché è *l'essere* stesso della famiglia – così come voluto da Dio creatore – che si configura come anima del mondo. Dunque: *Famiglia, sei anima del mondo!* Questa è la tua stessa "identità", la tua più bella definizione, la tua grande dignità! È da questa profondità radicata nelle fibre dell'essere che scaturisce e s'impone l'impegno a realizzare nella vita la fisionomia stampata dall'amore di Dio nel cuore della famiglia.

Ogni famiglia, dunque, racchiude in sé una meravigliosa possibilità di bene: può veramente *donare un'anima* a questa nostra società, a questo nostro tempo. La vitalità della famiglia, l'intensità delle sue relazioni, la sua capacità di amare, di educare, di accogliere, di perdonare, di dare fiducia all'altro, costituiscono un *soffio vitale,* assolutamente necessario e insostituibile in una società che sempre più invoca *relazioni autentiche*, ispirate alla verità e all'amore, alla dignità e bellezza di ogni persona, al bisogno di ricercare sopra ogni cosa il bene dell'altro.

A te, famiglia che mi ascolti, dico: *sei chiamata* non tanto a percorrere una via di eccezionalità – che solo ad alcuni sarebbe concessa – ma semplicemente *ad essere te stessa.* Sei già, e puoi e devi diventare sempre più, *sale della terra* e *luce del mondo* (cfr *Matteo* 5,13-16), secondo quella passione missionaria di cui è scossa la fede di ogni cristiano (cfr *Mi sarete testimoni*, n. 77).

Un antico e anonimo autore cristiano scrive: «*I cristiani sono nel mondo quello che è l'anima nel corpo.* L'anima si trova in tutte le membra del corpo e anche i cristiani sono sparsi nelle città del mondo. L'anima abita nel corpo, ma non proviene dal corpo. *Anche i cristiani abitano in questo mondo, ma non sono del mondo...* Sebbene ne sia odiata, l'anima ama la carne e le sue membra; così anche i cristiani amano coloro che li odiano. L'anima è rinchiusa nel corpo, ma essa a sua volta sorregge il corpo. Anche i cristiani sono trattenuti nel mondo come in una prigione, ma sono essi che sorreggono il mondo...» (*A. Diogneto* VI, 1-7).

Quanto qui viene detto dei cristiani in generale, lo possiamo riferire in modo speciale alla famiglia. Anche tu, famiglia, sei "nel mondo" e sei chiamata ad esserne "anima", infondendo in tutti gli ambienti del vissuto quotidiano e in ogni tipo di relazione tra le persone un nuovo soffio vitale: un soffio di amore, di servizio, di speranza, di gioia.

Più precisamente, a quali ambienti di vita e in quali relazioni la famiglia sa offrire il proprio apporto insostituibile? Un'interessante risposta ci viene dal *IV Convegno ecclesiale nazionale di Verona* (2006), che ha posto in rilievo *cinque ambiti del vissuto umano*: *la vita affettiva, il lavoro e la festa, la fragilità umana, la tradizione e la cittadinanza.* Si tratta di aspetti e di momenti fondamentali della vita quotidiana, in cui si condensano le esperienze e le attese delle famiglie e che, proprio per questo, richiedono di essere riconosciuti come i *punti nodali attorno ai quali concentrare la nostra azione pastorale.*

Già nella seconda tappa del *Percorso pastorale* ci siamo soffermati su due di questi ambiti: la *traditio fidei* e la *traditio amoris*, la trasmissione della fede e dell'amore, mettendo in luce come la famiglia, a partire dal battesimo, è protagonista in questa preziosa introduzione alla vita, alla vita vera e piena, la vita sovrabbondante della grazia. Ed ora, in questa terza tappa, vogliamo proseguire prendendo più viva coscienza che «la comunicazione della fede ai propri figli» e «la testimonianza evangelica dell'educazione al vero amore non possono avvenire soltanto in casa», ma è necessario, secondo le immagini evangeliche del sale della terra e del lievito nella pasta, «non sottrarsi ad una *presenza costruttiva nel mondo* della scuola, della cultura e delle comunicazioni sociali, del lavoro e del tempo libero, e in tutti quegli ambienti di vita dove il bene educativo dei figli lo richieda» (*Famiglia comunica la tua fede*, n. 41).

Si tratta in realtà di «promuovere e accompagnare una presenza delle *famiglie* nella storia e nella società quali *artefici di una nuova civiltà*: una civiltà veramente umana e umanizzante, centrata sull'inviolabile dignità della persona. *La famiglia cristiana*, nei molteplici contesti educativi e culturali, economici e sociali, politici e professionali, *può dire e fare molto.* Nel dovuto rispetto di una giusta autonomia, di un legittimo pluralismo e di una autentica laicità, le famiglie dei cristiani, singolarmente e in gruppo, possono contribuire assai nella vita di un paese e nella storia di un popolo» (*Famiglia ascolta la parola di Dio*, n. 5).

Quest'anno avremo l'opportunità di *allargare gli orizzonti*, così che la trasmissione della fede e l'educazione all'amore e alla vita non rimangano circoscritte all'ambito familiare, ma proprio da qui sappiano *irradiare nel mondo d'oggi uno stile di vita nuovo*, in grado di portare speranza autentica negli ambiti della *cura della fragilità,* del *rispetto dei tempi umani e sociali scanditi dai ritmi della festa e del riposo,* della *partecipazione alla comune edificazione di una cittadinanza degna dell'uomo.*

A delineare le mete e le vie di questo compito così prezioso e di questa missione irrinunciabile per le famiglie e le comunità cristiane sono dedicate le pagine di quest'ultima tappa del nostro *Percorso pastorale.*

Famiglia, sei chiamata a una missione educativa

3. Prima fra tutte, tu famiglia, devi essere consapevole che sei *chiamata a svolgere*, per il bene tuo e dell'intera società, *una missione educativa.* Nella società del nostro tempo, vorrei, da un lato, che ti sentissi *incoraggiata* a vivere sempre più a fondo il tuo ruolo educativo, e, dall'altro lato, che tu stessa venissi *aiutata*, ricevendo quel sostegno cordiale e adeguato che deve venire dalla comunità cristiana, dalla società civile e dalle istituzioni pubbliche.

Siamo chiamati tutti a *camminare insieme*: un'alleanza vera ci deve portare ad una reciproca collaborazione. Infatti, il bene della *Chiesa*, il bene della *famiglia* e il bene della *società* sono orientati nella medesima direzione e confluiscono alla stessa meta: nella direzione e alla meta cioè del bene della *persona* nella verità e nell'amore.

Così le relazioni familiari, specialmente quelle dei genitori che educano, per essere vissute in pienezza e costruite in modo autentico *non* vanno viste *soltanto come interne alla famiglia, ma in un continuo scambio con l'ambiente sociale e culturale*, da cui ogni famiglia attinge e a cui ogni famiglia contribuisce, sia modificando se stessa, sia influendo sulla società e sulla cultura.

Famiglia e *società* non possono allora essere considerate come se fossero due realtà già perfettamente costituite, prima ancora di incontrarsi. L'una invece interagisce sempre con l'altra, anche prima e al di là della consapevolezza che ciascuna possiede circa la presenza e l'importanza dell'altra. E la ragione profonda di ciò è la stessa *persona umana*: questa è un *soggetto relazionale*, così che tutto quello che vive, che sperimenta e che lo fa crescere porta con se questa *essenziale dimensione di relazione*. L'uomo non nasce da solo, non apprende alcun linguaggio senza l'apporto degli altri, non ama e non lavora isolato dal mondo, non vive soltanto per se stesso. *L'identità di una persona non è mai senza legami*. L'uomo, voluto dal Creatore in quanto maschio e femmina, trova proprio tra le sue espressioni fondamentali quella ricerca di altri soggetti che lo portano ad uscire da se stesso e dalla propria solitudine: è dal legame e nel legame con gli altri che si accende il gusto della vita.

È per questo allora che la famiglia e la società si intrecciano in cerca, ultimamente, del vero e del bene. In una simile prospettiva possiamo cogliere la missione fondamentale della famiglia: quella di *educare*, cioè di far crescere le persone nel mondo e di rendere il mondo il luogo più adatto e più umano per accogliere e portare al suo più alto splendore il dono della vita e dell'amore.

La *sovrabbondanza dell'amore di Dio che è in mezzo a noi* non riguarda solo la famiglia, ma raggiunge tutti. Ci rimanda alla straordinaria sovrabbondanza del "vino nuovo", autentico miracolo che dalla piccola Cana di Galilea ha invaso e continua a invadere il mondo intero (cfr *Giovanni* 2,1-11).

Il "vino nuovo" dell'amore di Gesù suscita sempre "grandi cose", accende nella famiglia relazioni vere e ricche di amore, la spinge con soave e irresistibile slancio ad uscire dalle mura domestiche per dare e per ricevere, per imparare da tutti e per *dire a tutti il Vangelo*, la parola nuova della salvezza di Dio e della sua gioia.

Meditazione

Il seminatore uscì a seminare

Nel cuore mi porto anche un altro desiderio: in questa terza tappa del *Percorso* pastorale *ogni famiglia cristiana sia pronta a "stare nel mondo" per raccontare e trasmettere a tutti,* nei modi più abituali e semplici di ogni sua giornata, *l'amore di Dio che è in mezzo a noi*, con la forza che deriva alla famiglia dall'ascolto della parola di Dio e con lo slancio che spinge a comunicare la bellezza e la gioia della fede, fonte di speranza per tutti gli uomini.

Una pagina del vangelo di Luca, la *parabola del seminatore* (*Luca* 8,1-15), ci infonde un grande respiro e ci comunica una grande fiducia nei riguardi del mondo e della storia degli uomini. E ci porta a dire: *Famiglia, va', annuncia il Vangelo e diventa anima del mondo!*, proprio come Gesù che andava per le città e i villaggi predicando e annunciando la parola del regno di Dio.

Vorrei solo suggerire qualche spunto di meditazione su questa parabola, così semplice ed insieme così straordinariamente ricca, nell'unico intento che possa accendere in noi i sentimenti più giusti e le indicazioni più precise per un *autentico stile missionario*, che ci faccia entrare, come famiglie e come comunità cristiane, nei diversi ambiti della vita quotidiana per seminarvi il seme della parola di Dio.

Potremo così ritrovare nel racconto di Luca le linee essenziali di quella che può essere chiamata *la spiritualità della famiglia come anima del mondo.*

Gesù se ne andava per le città e i villaggi

1 *In seguito Gesù se ne andava per le città e i villaggi, predicando e annunziando la buona novella del regno di Dio.*

2 *C'erano con lui i Dodici e alcune donne*
che erano state guarite da spiriti cattivi e da infermità:
Maria di Màgdala, dalla quale erano usciti sette demòni,

3 *Giovanna, moglie di Cusa, amministratore di Erode, Susanna e molte altre, che li assistevano con i loro beni.*

19 *Un giorno andarono a trovarlo la madre*
e i fratelli,
ma non potevano avvicinarlo a causa della folla.

20 *Gli fu annunziato:*
«Tua madre e i tuoi fratelli sono qui fuori e desiderano vederti».

21 *Ma egli rispose:*
«Mia madre e miei fratelli sono coloro che ascoltano la parola di Dio
e la mettono in pratica» (Luca 8,1-3.19-21).

4. *La famiglia di Dio sono coloro che annunciano il Regno.* La vita itinerante di Gesù è modello della sua *Chiesa* che *attraverso ogni famiglia continua oggi l'attività incessante dell'ascolto e dell'annuncio della Parola.*

Gesù ha aperto il suo cuore e il suo mistero, generando intorno a sé una famiglia più grande, anima del mondo, in cui ci sono tutti coloro che lo hanno seguito, uomini e donne, di ogni età e condizione. La parola di Gesù, ascoltata e comunicata nella fede, anche oggi libera da ogni spirito cattivo e ha la forza di guarire ogni infermità. *Ciascuno di noi,* nelle nostre città e nei nostri ambienti di vita*, ha un posto per annunciare al mondo la gioia e la bellezza dell'amore di Dio che è sempre in mezzo a noi.*

Come in una famiglia, tutti noi, giovani e anziani, genitori e figli, fratelli e sorelle, nella molteplicità e varietà dei carismi e delle vocazioni, siamo coloro che per primi sono chiamati ad *ascoltare la parola* di Dio e a *metterla in pratica.* Ci sono le folle intorno a Gesù, ma ci sono anche le singole persone: i dodici, Maria di Màgdala, Giovanna, Susanna, sua madre e i suoi fratelli.

Ci siamo tutti noi che abbiamo riscoperto l'amore di Dio. Ci sono i nostri volti, i nostri nomi, i nostri paesi, le nostre comunità. Anche noi annunciamo la Parola nella società di oggi, siamo segno di speranza per il mondo. Anche noi *siamo vicini a Gesù* nella nostra casa, al lavoro, nella scuola, nelle relazioni quotidiane: in ogni nostra attività anche noi possiamo *assistere il Signore* con le nostre risorse e tutti i talenti a nostra disposizione e divenire così *strumenti vivi* della sua opera di salvezza.

La parola di Dio non viene mai meno

4 *Poiché una gran folla si radunava*
e accorreva a lui gente da ogni città,
disse con una parabola:
5 *«Il seminatore uscì a seminare la sua semente.*
Mentre seminava, parte cadde lungo la strada
e fu calpestata, e gli uccelli del cielo la divorarono.
6 *Un'altra parte cadde sulla pietra*
e appena germogliata inaridì per mancanza di umidità.
7 *Un'altra cadde in mezzo alle spine*
e le spine, cresciute insieme con essa, la soffocarono.
8 *Un'altra cadde sulla terra buona,*
germogliò e fruttò cento volte tanto».
Detto questo, esclamò: «Chi ha orecchi per intendere, intenda!».
9 *I suoi discepoli lo interrogarono sul significato della parabola.*
10 *Ed egli disse: "A voi è dato conoscere i misteri del regno di Dio,*
ma agli altri solo in parabole,
perché vedendo non vedano e udendo non intendano.
11 *Il significato della parabola è questo:*
Il seme è la parola di Dio (Luca 8,4-11).

5. La parola di Dio non viene mai meno. L'amore di Dio rimane per sempre. *Instancabile, il seminatore ogni giorno esce a seminare.* Gesù con la sua parola semina l'amore di Dio, in ogni terreno, per ogni persona, per tutta l'umanità. Verso Gesù oggi accorre ancora una *folla immensa*, gente di ogni città e di ogni razza. Il seme della parola di Dio non mancherà mai.

Il dono è per tutti, non solo per noi. È *per ogni famiglia*, per ogni uomo e per ogni donna che si vogliono bene; per ogni mamma che ama e che soffre, per ogni figlio che nasce, per ogni papà che pensa a sua moglie, ai suoi figli e lavora per loro. L'amore di Dio è per ogni persona che è sola, per ogni fratello, per ogni straniero, per quelli che vengono in chiesa e per coloro che incontriamo sulle strade.

La parola di Dio suscita domande nel cuore di tutti: coloro che l'ascoltano si interrogano sul senso della vita, sul dolore e sulla morte. La parola di Dio illumina l'amore e rende il matrimonio cristiano un segno di indistruttibile fedeltà. Ma è vicina anche a coloro che soffrono a motivo di relazioni di amore difficili, a coloro che sono preoccupati per l'educazione dei figli, per le concrete condizioni di vita e di lavoro.

La parola di Dio cade dappertutto, in ogni situazione, nel cuore di ogni persona, penetra in chi è vicino e in chi è lontano; è un seme fecondo che ogni famiglia deve seminare intorno a sé per il mondo intero. *La parola di Dio illumina l'esistenza.*

Producono frutto con la loro perseveranza

12 *I semi caduti lungo la strada sono coloro*
che l'hanno ascoltata,
ma poi viene il diavolo e porta via la parola
dai loro cuori,
perché non credano e così siano salvati.

13 *Quelli sulla pietra sono coloro che,*
quando ascoltano,
accolgono con gioia la parola,
ma non hanno radice; credono per un certo tempo,
ma nell'ora della tentazione vengono meno.
14 *Il seme caduto in mezzo alle spine sono coloro che,*
dopo aver ascoltato,
strada facendo si lasciano sopraffare
dalle preoccupazioni,
dalla ricchezza e dai piaceri della vita
e non giungono a maturazione.
15 *Il seme caduto sulla terra buona sono coloro che,*
dopo aver ascoltato la parola con cuore buono
e perfetto,
la custodiscono e producono frutto con la loro
perseveranza» (Luca 8,12-15).

6. *Il campo di Dio è il mondo.* In questo mondo, che guardiamo con affetto e in cui ci sforziamo di vivere con responsabilità, nel quale lavoriamo e soffriamo, per il quale siamo pieni di gioia e di preoccupazione, tutti noi siamo *chiamati a produrre frutto con la nostra perseveranza.*

Le famiglie condividono con tutti un tratto di storia comune: ne conoscono le difficoltà, ne subiscono le tentazioni, sanno che i beni più effimeri e ingannevoli, spesso diffusi nella cultura attuale, finiscono per distogliere dai valori veri e permanenti, portando via la Parola dal cuore. Proprio per questo *le famiglie dei cristiani non possono estraniarsi dal mondo*, restare lontane dalle questioni che si agitano nella società, non possono chiudersi in se stesse, ma nel nome di Gesù si riconoscono chiamate, anche con non poco sacrificio, ad aggiungere alle fatiche quotidiane della loro casa, a volte drammatiche, la responsabilità per le cose pubbliche, per le questioni educative, a favore di tutti, a partire da coloro che soffrono di più. Ci sono così molte famiglie che si impegnano, a servizio del comune terreno della storia, con una testimonianza di parola e di fatti veramente esemplare, perché tutti credano e tutti siano salvati.

Non dobbiamo meravigliarci della *differenza* che esiste *tra le persone e tra le situazioni*: ognuno è chiamato a dare tutto quello che può, vincendo ogni traccia di orgoglio e di egoismo. Anche nelle nostre comunità ci sono famiglie che iniziano con gioia e con generosità, ma poi non hanno né radice né formazione, spesso non hanno o non sanno trovare il tempo, si disamorano, si scoraggiano e vengono meno.

Gesù conosceva la concretezza della vita, eppure continuava a seminare, con lungimiranza e con liberalità, animato e sostenuto dalla sua intimità d'amore con il Padre. Questa intimità deve diventare anche nostra, deve essere la vera anima delle nostre famiglie: sarà il nostro segreto che ci rende gioiosi e pieni di speranza.

Sappiamo inoltre che *nel campo di Dio ci sono anche le spine*; che la nostra vita spesso ci appare più complessa e pesante del sopportabile: quante sofferenze e quante preoccupazioni nelle nostre case! Quanta gente si interroga sul significato di ciò che accade, sul perché di certe situazioni! Si interroga su Dio, sulla Chiesa, sul mondo in cui viviamo. Strada facendo portano nel cuore queste domande e hanno bisogno di trovare qualcuno che sappia fermarsi e ascoltare, e spiegare loro come, nonostante tutto, già dentro la storia è riconoscibile la grandezza del dono di Dio.

Il cristiano sa che *la fede, dono di Dio, nasce e cresce nella libertà.* Per questo è consapevole di non essere mai un "arrivato" nell'itinerario del credere; sa che fede e incredulità si combattono aspramente anche in lui. Sa dunque come porsi accanto a persone che sono ancora lontane dalla maturazione della fede, perché la stanchezza o l'avidità le conduce alla ricerca del piacere o delle soddisfazioni più materiali della vita. Così come è consapevole della profonda povertà di quanti ricercano in maniera esasperata la ricchezza e il denaro, che diventano forme di vera e propria idolatria, danno un senso di onnipotenza e fanno perdere il gusto di Dio.

Talvolta queste situazioni le viviamo anche all'interno delle nostre famiglie, le respiriamo nella nostra cultura, le soffriamo in prima persona: è proprio in questi contesti che la Parola seminata ci illumina e ci aiuta nel discernimento, ci impegna nella preghiera, ci fa appassionare ai compiti educativi, ci stimola al bene, ci incoraggia, ci consola, ci perdona.

Dobbiamo però *imparare soprattutto a riconoscere e a gioire per la terra buona*. Troppe volte non manifestiamo la gioia del cuore, la pace di un lavoro sereno, la riconoscenza per una grazia inestimabile. Ci vuole stima reciproca tra le famiglie, affetto fraterno, perseveranza condivisa; ci vuole intelligenza sui mutamenti che stiamo attraversando nella Chiesa, nelle famiglie e nella società. Impariamo a riconoscere il bene, a valorizzarlo in noi e negli altri, dovunque si trovi. Quante persone lavorano nella terra buona del campo di Dio, senza che neppure sappiano come! Quanti esempi di bene e di amore straordinari il Signore ci dà di incontrare! È poca la terra buona?

Capitolo Primo

Famiglia, Società e Chiesa

Luci e ombre nel modo di pensare la famiglia oggi

7. Nel contesto della vita di oggi *la famiglia è insieme molto amata e molto discussa.*

È molto amata perché nell'esperienza della famiglia si riconosce la propria esperienza affettiva fondamentale. Anche tra gli adolescenti e i giovani – che sono per molti aspetti critici con il mondo adulto e con le strutture sociali – troviamo un ampio apprezzamento della famiglia: è sentita come l'ambiente di riferimento, dove ci si sente accolti e amati, il rifugio sempre possibile nelle fatiche e nelle sconfitte.

L'apprezzamento è frutto, a volte, anche di una certa idealizzazione un po' semplicistica, per cui la famiglia viene immaginata e descritta come un'oasi di relazioni affettive autentiche dentro il deserto di una società anonima e fredda.

Vi è infine una considerazione positiva del ruolo educativo e assistenziale svolto in modo ampio e capillare dalle famiglie: un bambino, un giovane, un anziano, un ammalato difficilmente troveranno cura più amorevole e tenace che nella propria famiglia.

Da molte parti tuttavia nascono *critiche radicali* alla fisionomia e alla vita della famiglia. Si contesta il modello della cosiddetta *famiglia tradizionale,* ritenuto un modello sociale che si concentra sul ruolo degli adulti e degli anziani, a scapito dei giovani o che viene giudicato discriminante nei confronti di chi non intende vivere il matrimonio.

Anche il modello della *famiglia nucleare*, che si è progressivamente imposto nel dopoguerra ed è stato il protagonista del "boom" economico e demografico degli anni '60, viene ora considerato superato. Il calo dei matrimoni religiosi e, poi, anche civili, a partire dagli anni '80, e l'esplosione delle convivenze negli ultimi 10-15 anni manifestano con chiarezza la crisi di questo modello.

Una critica alla famiglia viene anche da chi la ritiene responsabile di *impedire la libertà dei singoli* che vogliono essere sciolti da legami relazionali vincolanti. Anche i legami familiari – si dice – sono divenuti irrimediabilmente fragili, *liquidi*, precari: non è più precario solo il lavoro, ma anche gli affetti sono in balia della precarietà.

Di fronte a questo scenario, ci è chiesto innanzitutto di saper *osservare e verificare* la realtà in cui viviamo. È particolarmente urgente una *riflessione sapiente e coraggiosa* per leggere nelle differenti situazioni le cause che possono scoraggiare e le motivazioni che ancora oggi, nonostante tutto, possono favorire la scelta di amare in modo unico e incondizionato per tutta la vita.

Il primo passo da compiere è quello di comprendere il senso e di spiegare le ragioni per cui la *famiglia* deve ritenersi ancora *fondata sull'unione stabile di un uomo e di una donna che decidono di amarsi per sempre e di aprirsi alla vita.* E bisogna far vedere che ciò continua ad essere plausibile, anzi altamente significativo anche nell'attuale contesto sociale e culturale. Si tratta non di difendere un modello "tradizionale" di famiglia, ma di *annunciare la possibilità di una vita familiare "autentica",* che sia davvero all'altezza della capacità di amore di un uomo e di una donna e che divenga sorgente di vita e di educazione, ponendosi così al servizio del bene di tutti e del futuro dell'umanità.

Solo a partire da una *riflessione razionale* approfondita e condivisa e da un assiduo e sempre rinnovato *ascolto della parola di Dio* possiamo acquisire quello sguardo perennemente nuovo che è in grado di vedere nella giusta luce, senza enfatizzazioni o riduttività, tutta la comune e straordinaria ricchezza presente nel vissuto familiare di oggi.

Non è sufficiente, però, il solo sguardo della ragione, anche se illuminata e purificata dalla fede, per arrivare a cogliere e a far cogliere il senso profondo della famiglia e la sua perenne validità. In un contesto come quello attuale, così poco razionale e fortemente legato alle emozioni e alle sensazioni, è del tutto necessario e decisivo *offrire esperienze concrete e umanamente persuasive di vita familiare riuscita.*

La Chiesa, nel suo essere insieme *"madre e maestra"*, ci guida e ci sostiene nel cogliere la verità e la bellezza e, insieme, i compiti irrinunciabili della famiglia secondo il disegno sapiente e amoroso di Dio, da lui impresso nelle aspirazioni più profonde del cuore dell'uomo e della donna. È un magistero che per noi costituisce una grande grazia e una grave responsabilità, diventando un prezioso punto di riferimento in una stagione sociale e culturale come quella attuale, così spesso confusa circa il vero volto del matrimonio e della famiglia.

La famiglia, comunità "originaria e singolare"

8. Dobbiamo allora, come rinnovato servizio alla persona umana, impegnarci con la riflessione, la proposta e la testimonianza a *restituire alla famiglia la sua immagine vera e autentica* anche nel contesto della società di oggi.

La famiglia, infatti, non deve essere idealizzata né considerata luogo in cui l'amore agirebbe di per sé, in forza di una pura spontaneità. Voi – sposi, genitori, figli – sapete bene che anche *nella famiglia l'amore agisce dove c'è la pratica del dono di se stessi,* dove si affrontano fatiche e sacrifici per donarsi reciprocamente, dove si traduce in concretezza di servizio quotidiano il sentimento che lega gli uni agli altri. Ma, d'altra parte, la famiglia non può neppure essere sminuita, considerandola al pari di una qualsiasi aggregazione sociale, istituita allo scopo di dare ordine e solidità alle diverse istituzioni esistenti e operanti nella società.

Per apprezzare fino in fondo la realtà familiare occorre invece riconoscerla come *comunità "origina-*

ria", cioè primo luogo in cui la società stessa sorge, si sviluppa e si rigenera di continuo. In questo senso nella famiglia *gli affetti personali e i legami sociali* si uniscono e si compongono tra loro. È proprio in famiglia che si impara a non contrapporre mai gli aspetti *comunitari*, personali e affettivi, a quelli *istituzionali* che ci fanno entrare in relazione con la società al di là degli affetti e dei legami di sangue, perché di entrambi ha bisogno la vita dell'uomo. In tal senso la famiglia viene definita a ragione *primo "soggetto sociale"*.

La famiglia, quindi, esiste prima di qualsiasi suo riconoscimento sociale perché scaturisce dalla "esigenza profonda" dell'amore dell'uomo e della donna: un amore che desidera essere autentico e totale, che trova la sua pienezza nel *donarsi reciprocamente* in modo *definitivo*, *stabile e pubblico*, quando cioè si offre alla persona amata non una parte di se stessi e della propria esistenza, ma una comunione di vita che abbraccia tutte le dimensioni del proprio esistere, anche quelle pratiche del vivere quotidiano, quelle pubbliche del collocarsi in una società e quelle che attraversano il tempo in una dedizione che vuole abbracciare anche il futuro.

Per questo il *legame matrimoniale* che unisce l'uomo e la donna, costituendoli "coppia" in forza della loro differenza, reciprocità e complementarietà, è *del tutto "singolare"* e non può essere assimilato a nessun'altra esperienza di relazioni tra le persone: né l'amicizia, né altre forme di unione affettiva possono essere equiparate all'intensità e profondità, alla fedeltà e comunanza di vita, di intenti, di decisioni che si possono realizzare tra due sposi.

Un amore così, da cui nasce la comunità familiare, segna in modo indelebile coloro che ne entrano a far parte. La vita dei membri di una famiglia trova la propria identità in questo legame d'amore per cui ciascuno sa di esistere grazie a questa stessa esperienza di amore. Essere *sposo, genitore, figlio, fratello* non è un caso, una convenzione sociale, un ruolo o una funzione temporanea. È piuttosto la *propria originaria identità*, che niente potrà cancellare.

Sono i legami di amore inscritti in noi a renderci consapevoli di noi stessi. E da questi legami originari noi possiamo partire all'avventura della vita come capaci di relazione con altri, di presenza attiva nel mondo, di protagonismo nella società.

Già in quanto *comunità interpersonale "originaria e singolare"*, la famiglia si manifesta realmente *come nativa, unica e insostituibile anima del mondo.*

La famiglia nella grazia della fede: relazioni nuove plasmate dalla carità

9. Ma dalla parola di Dio e dalla grazia della fede la famiglia riceve una luce tutta nuova e viene ad essere come una città posta sul monte e come una casa costruita sulla roccia (cfr *Matteo* 5,14; 7,25). E così l'ascolto della parola del Signore ci aiuta a ritrovare il giusto approccio nei riguardi della famiglia e del suo significato per la comunità cristiana, come pure per il vasto mondo delle relazioni sociali.

In particolare, san Paolo ci offre una pagina molto suggestiva, una delle cosiddette "*tavole dome-*

stiche", che presenta una serie di esortazioni riguardanti il vissuto familiare. L'apostolo fa riferimento ad un linguaggio in uso al suo tempo, innestandovi però la novità della prospettiva cristiana, che dà a quelle stesse relazioni familiari *le motivazioni, la luce, il calore, il significato, il contenuto propri della carità cristiana.* Così un'esperienza umana a tutti nota e da tutti condivisa come quella familiare assume nella grazia della fede caratteristiche nuove.

Ecco quanto scrive l'apostolo nella lettera ai cristiani di Colossi: «*Rivestitevi dunque, come amati di Dio, santi e diletti, di sentimenti di misericordia, di bontà, di umiltà, di mansuetudine, di pazienza; sopportandovi a vicenda e perdonandovi scambievolmente, se qualcuno abbia di che lamentarsi nei riguardi degli altri. Come il Signore vi ha perdonato, così fate anche voi.*

Al di sopra di tutto poi vi sia la carità, che è il vincolo di perfezione. E la pace di Cristo regni nei vostri cuori, perché ad essa siete stati chiamati in un solo corpo. E siate riconoscenti!

La parola di Cristo dimori tra voi abbondantemente; ammaestratevi e ammonitevi con ogni sapienza, cantando a Dio di cuore e con gratitudine salmi, inni e cantici spirituali. E tutto quello che fate in parole ed opere, tutto si compia nel nome del Signore Gesù, rendendo per mezzo di lui grazie a Dio Padre.

Voi, mogli, state sottomesse ai mariti, come si conviene nel Signore.

Voi, mariti, amate le vostre mogli e non inasprite vi con esse.

Voi, figli, obbedite ai genitori in tutto; ciò è gradito al Signore.

Voi, padri, non esasperate i vostri figli, perché non si scoraggino» (*Colossesi* 3,12-21; cfr anche *Efesini* 4,1-2.32; 5,21-6,4).

In questo testo, il sorprendente *incontro tra i linguaggi umani e la parola di Dio* diviene un aspetto qualificante e decisivo per la *novità cristiana*: questa non si sovrappone esteriormente a ciò che già esiste nel vissuto, ma lo plasma e lo rinnova interiormente così da renderlo *sale* e *luce* per il mondo. La famiglia può allora costituire, ben più che un semplice nucleo affettivo, *la più grande ed immediata risorsa interpersonale e sociale*: per se stessa, per la comunità cristiana, per la società tutta. Una vera, insostituibile *riserva di amore* per l'intera umanità: *riflesso vivo e reale dell'amore universale di Dio Creatore e Padre.*

Famiglia, comunità cristiana e società

10. Il riconoscimento di ciò che costituisce il contenuto essenziale del vissuto familiare ci dà la possibilità non solo di dare piena valorizzazione alla famiglia, ma anche di cogliere *la relazione reciproca che esiste tra la famiglia, la comunità cristiana e la società.*

La famiglia, infatti, è al tempo stesso *soggetto ecclesiale e sociale*; è ambito privilegiato in cui la Chiesa e la società si incontrano, si esprimono e si realizzano. L'una e l'altra, in famiglia e attraverso la famiglia, possono crescere e svilupparsi insieme. E questo perché la famiglia è la *prima scuola viva* in cui si impara a stare insieme e perché ha molto da dire e da testimoniare circa la *qualità delle relazioni tra le persone*; come pure perché la famiglia stessa impara a ricevere e a portare al di fuori – in particolare nella società e nella Chiesa – la ricchezza e la bellezza delle relazioni che in essa nascono, senza però esaurirsi al suo interno.

La famiglia, anzitutto, offre un apporto decisivo alle relazioni ecclesiali. Dalla famiglia la *comunità cristiana* può attingere quello stile di accoglienza e ascolto, di prossimità e solidarietà, che è caratteristico del vissuto familiare. A loro volta *le famiglie* sono chiamate a vivere e ad apprendere dal vissuto della comunità cristiana altre e sempre nuove forme espressive della fede, che la famiglia da se stessa non può realizzare. Così la famiglia e tutte le forme di vita ecclesiale – comunità, associazioni, movimenti, gruppi, ecc. – sono sollecitate a questa stessa importante reciprocità: *una vera e propria "alleanza".* In questo senso la famiglia è detta "piccola Chiesa domestica" e la comunità cristiana viene talvolta chiamata "famiglia di famiglie".

Numerose e molto positive potrebbero essere le implicazioni per una pastorale di Chiesa che si facesse carico della prospettiva familiare in tutti i suoi aspetti, assumendo i *ritmi*, i *tempi*, le *modalità relazionali* di una famiglia come *criterio ordinario* del proprio vivere e operare (cfr *Direttorio di Pastorale familiare per la Chiesa in Italia*, n. 97). Credo che da qui possa davvero scaturire un *autentico ripensamento della nostra pastorale, innanzitutto a partire dalle nostre parrocchie*. Una pastorale "a misura di famiglia" si rivelerebbe infatti una pastorale concretissima, capace di incontrare il reale vissuto della gente e si arricchirebbe dell'apporto originale e unico delle persone, tutte riconosciute autentici soggetti attivi, "protagonisti" nella comunità ecclesiale.

Si tratta dunque di assumere seriamente le *ricchezze* e di promuovere le *responsabilità* possibili nell'ambito dell'intero popolo di Dio e in particolare delle famiglie. La modalità della celebrazione dell'Eucaristia e degli altri sacramenti, l'annuncio della Parola e la catechesi, le responsabilità nei confronti degli oratori e della pastorale giovanile, i gruppi parrocchiali, i rapporti con il territorio e con le altre realtà civili e sociali possono essere ampiamente ripensati tenendo realmente conto di una generosa e responsabile partecipazione familiare. La pastorale parrocchiale nei suoi vari ambiti potrebbe venire modificata e rinnovata nell'ottica della famiglia, stimata e amata nella sua *piena soggettività*, nel suo *essere* «viva immagine e storica ripresentazione del mistero stesso della Chiesa» (*Familiaris consortio*, n. 49).

Così la famiglia potrà essere «il soggetto centrale della vita ecclesiale, grembo vitale di educazione alla fede e cellula fondante e ineguagliabile della vita sociale. Ciò richiede un'attenzione pastorale privilegiata per la sua formazione umana e spirituale, insieme al rispetto dei suoi tempi e delle sue esigenze» (*Nota pastorale dopo il IV Convegno Ecclesiale Nazionale di Verona "Rigenerati per una speranza viva"*, n. 12).

Una rinnovata considerazione della famiglia, che il Concilio definisce «prima e vitale cellula della società» (*Apostolicam actuositatem*, n. 11), potrebbe inoltre costituire *una grande forza rinnovatrice per tutto il tessuto sociale.* Una più forte centratura sulla famiglia rifluirebbe beneficamente sulla società che, da un lato, potrebbe fruire di legami forti, solidi e autentici, e che, dall'altro lato, riceverebbe un forte impulso al superamento delle *solitudini*, dei *particolarismi* e delle *emarginazioni* che in molti modi affliggono la nostra vita sociale.

Senza indulgere in alcun modo ad una sorta di *familismo*, ovvero di assolutizzazione della famiglia, occorre ribadire che, nel contesto delle attuali difficoltà a ricreare un tessuto di solidarietà sociale, la famiglia può rappresentare non soltanto una risorsa, ma un modello sempre nuovo e fecondo al quale ispirarsi: è *l'umanesimo familiare.* La vita familiare può realmente guarire da quel ripiegamento su se stessi che troppe volte minaccia la vita dell'uomo d'oggi, e può restituire a ciascuno un'apertura serena agli altri e al mondo, e ancor più a Dio e al suo amore.

Scrivevo lo scorso anno che «*nel soggetto familiare* è agevolmente riconoscibile *il primo anello di congiunzione tra la persona e la società,* la prima delle realtà basilari di ogni tessuto sociale» (*Famiglia comunica la tua fede*, n. 41).

Ciò significa che non dobbiamo parlare – come abitualmente avviene – solo di persona e di società, ma sempre di *persona*, *famiglia* e *vita sociale.* In questo senso diventa importante il riferimento alla persona non solo in quanto tale ma anche in quanto *persona cristiana*, con le implicazioni sociali che ne derivano. Così, pur sapendo che anche la famiglia non è realtà "ultima" perché è relativa al regno di Dio, essa tuttavia è chiamata a vivere un "anticipo" del Regno nella comunità umana dei discepoli del Vangelo che "fanno la volontà del Padre", attraverso quei legami tra "fratello, sorella e madre" (*Matteo* 12,50) che vengono generati non dalla carne e dal sangue, ma da Dio stesso (cfr *Giovanni* 1,13). Per questa via, le famiglie cristiane possono presentare all'interno della nostra società la *testimonianza di un'autentica "umanità" attraverso la "novità" che viene dal Vangelo*: è quella novità che vivifica e sostiene uno stile di vita umana ispirato alle beatitudini di Cristo e pertanto "alternativo" alla proposta culturale del "mondo".

Il magistero della Chiesa ha sottolineato la singolare ricchezza che le relazioni proprie della famiglia possono apportare al bene della società. A titolo d'esempio, basti una citazione tratta dal *Compendio della dottrina sociale della Chiesa*, là dove si afferma che «La famiglia, comunità naturale in cui si sperimenta la socialità umana, contribuisce in modo unico e insostituibile al bene della società. La comunità familiare, infatti, nasce dalla comunione delle persone... Una società a misura di famiglia è la migliore garanzia contro ogni deriva di tipo individualista o collettivista, perché in essa la persona è sempre al centro dell'attenzione in quanto fine e mai come mezzo. È del tutto evidente che il bene delle persone e il buon funzionamento della società sono strettamente connessi "con una felice collocazione della comunità coniugale e familiare" (*Gaudium et spes*, n. 47). Senza famiglie forti nella comunione e stabili nell'impegno, i popoli si indeboliscono. Nella famiglia vengono inculcati fin dai primi anni di vita i valori morali, si trasmette il patrimonio spirituale della comunità religiosa e quello culturale della nazione. In essa si fa l'apprendistato delle responsabilità sociali e della solidarietà» (n. 213).

Riproporre il valore della famiglia nella cultura di oggi: una sfida impossibile?

11. Dopo aver richiamato le caratteristiche essenziali della famiglia come soggetto ecclesiale e sociale, viene spontaneo domandarci: *c'è ancora posto nella nostra attuale società per una famiglia così intesa?*

L'ascolto delle famiglie nella prima tappa del *Percorso pastorale*, le frequenti occasioni di conoscenza di tante situazioni difficili e faticose – conoscenza che mi ha spinto, tra l'altro, a scrivere la *Lettera agli sposi in situazione di separazione, divorzio e nuova unione* – mi portano a dire che sì, il contesto culturale di oggi, la mentalità corrente, l'attuale esperienza di tante persone sembrano rendere quasi impossibile la riproposta del valore originario della famiglia.

D'altra parte ci sono ancora, anche se forse non sono più maggioritarie, esperienze di famiglie che, pur con i loro limiti e le loro fatiche, possiamo considerare riuscite sotto il profilo umano e cristiano

Nonostante tutto, la vita della società del nostro tempo così convulsa, frenetica e complessa, ci dischiude allora delle possibilità, ci affida anzi un compito: *riproporre il vangelo della famiglia*, nel suo contenuto umano che è condivisibile anche da chi non ha una visione di fede, non alla maniera però di semplici ripetitori ma di testimoni efficaci, capaci di rendere ragione della speranza che è in noi (cfr *1 Pietro* 3,15).

In questo senso, rivolgo anche quest'anno uno sguardo carico di fiducia e di speranza a tutte le famiglie, in particolare a quelle che vorranno affrontare insieme a molte altre questo cammino, meglio questa "missione" esaltante e irrinunciabile per il bene di ogni famiglia e dell'intera società: divenire *anima del mondo*, di questo mondo da amare con sempre nuovo vigore, perché da sempre immensamente amato da Dio stesso, in Gesù: «Dio infatti ha tanto amato il mondo da dare il suo Figlio unigenito» (*Giovanni* 3,16).

La famiglia, che ispira espressamente alla fede cristiana il proprio vissuto, non vive in maniera dissociata o semplicemente giustapposta il proprio essere nel mondo; piuttosto, proprio dalla sua fede, attinge le motivazioni, la luce e le risorse di evangelicità e di grazia più belle e profonde per svolgere la propria missione. Il riconoscersi sempre più come *soggetto ecclesiale*, come "chiesa domestica", non rinchiude la famiglia credente entro lo spazio esclusivo della Chiesa, ma le fa scoprire, all'interno della propria vocazione cristiana, un servizio peculiare rivolto al mondo in cui portare frutti di giustizia, di verità, di libertà, di carità a partire dai propri ambienti di vita e dai quotidiani contesti professionali. E tutto ciò nel segno non della privatezza o dell'isolamento, ma dell'apertura e del dialogo con tutte le famiglie, anche non cristiane e persino lontane dalla religione, ma desiderose di vivere e di proporre alla società i valori che sono propri della famiglia.

Si tratta di valori che sono già stati indicati nei loro elementi originari e fondamentali e che ora si cercherà di declinare in rapporto ad alcuni ambiti che caratterizzano la vita delle famiglie nel loro riferimento alla società.

Quanto andrò presentando vale per le famiglie che, per grazia del Signore, vivono una situazione di coerenza con l'ideale familiare, ma anche per quelle realtà familiari cui ho rivolto la mia lettera che sopra ho ricordato. Non si sentano escluse, nonostante il "cuore ferito", da un impegno di animazione della società e di assunzione delle necessarie responsabilità. Lo ripeto anche per altre situazioni di fatica e di difficoltà che pesano sul vissuto di molte famiglie.

Nessuna famiglia rimanga fuori da questo impegno. Ogni famiglia, a suo modo, può "diventare" anima del mondo, perché secondo il disegno efficace di Dio "è" anima del mondo!

Capitolo Secondo

La famiglia, il dono della vita e il bene della salute

La vita: un grande dono di Dio

12. La vita nasce nella famiglia e la famiglia dice a tutti che la vita, in tutte le sue stagioni, è un grande dono di Dio. Questo dono non è solo per la famiglia stessa o per la comunità cristiana, è per il mondo e per il bene di tutti. Ogni famiglia è chiamata a custodire e a promuovere questo inestimabile valore personale e sociale.

La parola di Dio accolta nella fede illumina e dà pienezza di senso ad ogni evento significativo della vita della famiglia. L'attesa di un figlio, la commozione di fronte a una nuova nascita, la celebrazione del battesimo, la prima comunione, la cresima, un compleanno, la gioia di un fidanzamento, la festa di un matrimonio, l'assunzione cosciente e matura dell'età anziana, e perfino l'evento triste e fiducioso della morte assumono *il loro più profondo significato nel mistero di Cristo, "Vangelo della vita",* rivelazione e promessa, certezza e speranza per tutto il mondo e per ogni cuore.

È Gesù, il "Verbo della vita" che si è fatto carne, a far risplendere nel mondo in tutto il loro fascino la bellezza e il senso pieno della vita dell'uomo. Egli infatti ha condiviso con noi l'esistenza umana, come ci ricorda il Concilio: «ha lavorato con mani d'uomo, ha pensato con mente d'uomo, ha agito con volontà d'uomo, ha amato con cuore d'uomo. Nascendo da Maria Vergine, egli si è fatto veramente uno di noi, in tutto simile a noi fuorché nel peccato. (...) Soffrendo per noi non ci ha dato semplicemente l'esempio perché seguiamo le sue orme, ma ci ha anche aperta la strada; mentre noi la percorriamo, la vita e la morte vengono santificate e acquistano nuovo significato» (*Gaudium et spes*, n. 22).

La famiglia deve sentirsi chiamata da Cristo Signore ad accogliere con riconoscenza il dono della vita, a custodirlo con amore, a sostenerlo dove incontra difficoltà, a farlo crescere, a indicarne il senso e il compimento: tutto questo per la gioia di ogni figlio che viene sulla terra, per il bene di tutta l'umanità e per il futuro del mondo.

In questo contesto possiamo immediatamente comprendere la necessità che la famiglia e la comunità cristiana, insieme, sappiano davvero riservare uno sguardo e un impegno rinnovati nel vivere la *pastorale battesimale* proposta dalla nostra Chiesa diocesana.

Non c'è vita senza vocazione

13. Tra i compiti fondamentali che a voi, famiglie, vengono affidati sta quello di *aiutare un figlio che cresce* a prendere sempre più consapevolezza che "la vita è bella" perché è "una *vocazione*". "Il Signore da sempre ti pensa e ti desidera e vuole, il Signore ti chiama, il Signore ti aspetta e ha bisogno di te, il Signore ti manda": con queste parole, meglio con questi sentimenti un papà e una mamma cristiani dovrebbero guardare il loro figlio.

Il prezioso dono della vita, infatti, è da ricondurre a Dio: la vita non è il risultato del caso o del calcolo o della necessità o del "destino", ma il frutto della provvidenza amorosa e paterna di Dio. Non riesco a dimenticare le parole che Dio rivolge a me – a ciascuno di noi – attraverso la voce del profeta: «Tu sei prezioso ai miei occhi, perché sei degno di stima e io ti amo... Non temere, perchè io sono con te» (*Isaia* 43,4-5).

Questo messaggio sulla vita come vocazione le famiglie cristiane lo devono accogliere e vivere nel cuore e proclamare al mondo. E il centro di questo messaggio è che la libertà del figlio è una libertà che conosce il suo splendido compimento nel rispondere a Dio, nel *dire il proprio "sì" al grande "sì" di Dio che dona la vita.* Per questo le comunità cristiane devono saper riproporre alle famiglie il compito grandissimo di pregare il Signore con assiduità per l'itinerario vocazionale dei propri i figli e di disporsi ad aiutarli a discernere la loro vocazione.

Infatti, come ai suoi inizi, così in tutte le altre fasi dell'esistenza di un figlio, la famiglia è la prima e più fedele testimone del fatto che la *vita*, in quanto desiderata, amata, generata, custodita, ci è affidata perché *la rendiamo un dono di noi stessi agli altri*, un segno della vicinanza di Dio al mondo, un aiuto e un sostegno per coloro che il Signore ci fa incontrare. Sappiamo così nella fede che anche *la vita degli altri è un dono per noi*, un dono da accogliere con rispetto e gratitudine. Così ci ha insegnato il Concilio: a immagine di Dio, che è amore che liberamente e gratuitamente si dona, «l'uomo in terra è la sola creatura che Dio ha voluto per se stessa e che non può ritrovarsi pienamente se non attraverso un dono sincero di sé» (*Gaudium et spes*, n. 24).

In un contesto culturale in cui tutto è frammentato e parziale e tutto diviene ricerca della soddisfazione immediata dei propri piccoli desideri, non è facile comprendere la nozione stessa di "vocazione". Si preferisce piuttosto pensare la vita come un susseguirsi di progetti a breve, di relazioni capaci di suscitare emozioni intense, di traguardi intermedi e convenienti. Spesso mancano il coraggio e la forza di rispondere a ciò che il Signore chiede, impegnando la propria vita in un progetto che guarda in avanti, facendo fruttare i doni e i talenti ricevuti per il bene di tutti.

È proprio la *frammentarietà* tipica del vivere contemporaneo a rendere *estremamente debole l'idea della vita come vocazione*. Di qui l'urgente compito della famiglia: è nella famiglia che si deve riscoprire questa straordinaria prospettiva ed è a partire dalla famiglia che questo modo di intendere la vita deve ritornare a illuminare e a riscaldare il mondo.

Così la vita di ogni persona diventa veramente un dono di Dio per il bene degli altri; ma anche la vita dell'altro diventa per me un dono e una responsabilità. Ciascuno di noi diventa il "custode" della vita del proprio fratello (cfr *Genesi* 4,9). Questo cammino educativo è meraviglioso e carico di consolazione, ma è lungo e difficile: bisogna iniziarlo nella famiglia, fin da quando i figli sono piccoli, mediante parole, esempi ed esperienze che invitano al vero e al bene, nella preghiera e nella carità. Così si genera e si rigenera continuamente la *qualità umana* della vita. Così ci si immette nel cammino della santità: dopo aver donato la vita, i genitori introducono i figli alla ricerca della volontà di Dio su di loro e quindi del posto ad essi assegnato nella storia, nella Chiesa e nella società.

14. Nello spirito di una nuova attenzione che la Diocesi riserva alla pastorale battesimale, vorrei che nelle famiglie e nelle comunità cristiane, non appena giunge la notizia di una nuova vita in arrivo, non si ragioni con le misure strette del mondo, ma si pensi e si gioisca con i sentimenti che Maria nutriva in attesa di Gesù, in particolare con i sentimenti vissuti durante la *visitazione*, quando cioè lo Spirito la riempì di gioia e la Parola trovò in lei il suo compimento (cfr *Luca* 1,39-56). Maria, icona di tutta la Chiesa che porta in sé il mistero del Figlio di Dio fatto uomo, desidera che questo bambino prenda sempre più corpo e più vita nel mondo. L'attesa allora diviene compimento di una promessa, motivo di gioia, di speranza, di lode, di aperta contemplazione della grandezza mirabile dell'opera di Dio: «Sei tu che hai creato le mie viscere e mi hai tessuto nel seno di mia madre. Ti lodo, perché mi hai fatto come un prodigio; sono stupende le tue opere, tu mi conosci fino in fondo» (*Salmo* 139,13-14).

Questo stile di attesa non è solo per la famiglia o per la Chiesa: è per tutto il mondo. Esso rivoluziona anche la stessa vita sociale, innalzando i piccoli e gli umili, rovesciando i criteri convenzionali e i luoghi comuni, prendendo in seria considerazione i poveri e mettendo i ricchi di fronte alle loro precise responsabilità. Maria non trattiene per sé il dono della vita, ma prontamente si dispone a condividerlo: è infatti immagine splendida della Chiesa che custodisce in sé il mistero della vita, ma per il bene e la salvezza del mondo.

«Per questo *diciamo grazie a tutti coloro che scelgono liberamente di servire la vita.* Grazie ai genitori responsabili e altruisti, capaci di un amore non possessivo; ai sacerdoti, ai religiosi e alle religiose, agli educatori e agli insegnanti, ai tanti adulti – non ultimi i nonni – che collaborano con i genitori nella crescita dei figli; ai responsabili delle istituzioni che comprendono la fondamentale missione dei genitori e, anziché abbandonarli a se stessi o addirittura mortificarli, li aiutano e li incoraggiano; a chi – ginecologo, ostetrica, infermiere – profonde il suo impegno per far nascere bambini; ai volontari che si prodigano per rimuovere le cause che indurrebbero le donne al terribile passo dell'aborto, contribuendo così alla nascita di bambini che forse, altrimenti, non vedrebbero la luce; alle famiglie che riescono a tenere con sé in casa gli anziani, alle persone di ogni nazionalità che li assistono con un supplemento di generosità e dedizione» (CEI, *Messaggio per la Giornata per la vita,* 3 febbraio 2008).

La vita, la famiglia e la tensione coraggiosa alla santità sono strettamente connesse. Considero un dono grande per me e per il nostro comune cammino spirituale e pastorale l'aver inaugurato, il 1° novembre dello scorso anno a Mesero – che assieme alle parrocchie di Magenta e Pontenuovo custodisce le memorie di *santa Gianna Beretta Molla* –, il *Santuario diocesano della Famiglia*, a lei dedicato: una donna del nostro tempo, che nel corso della sua esistenza ha saputo amare la vita in molti modi, donando tutta se stessa come sposa, mamma e medico. Mi auguro che questo Santuario diventi per molti occasione preziosa per lodare il Signore della vita, per invocarlo e per crescere nel prenderci cura della vita in tutte le sue circostanze. In modo tutto particolare, santa Gianna ci aiuti a far sì che nessuna mamma, nessuna famiglia, tentata di abortire o di non accettare fino in fondo il dono della vita, sia lasciata *sola*, in quella drammatica solitudine dove anche il silenzio delle persone più vicine e della stessa comunità cristiana possono indurre a scelte irreparabili. Quante volte vi sarebbe stato un ben diverso esito, in presenza di un sostegno affettivo, psicologico, sociale, economico o sanitario adeguato?

Nella comunità e nella famiglia, tutti custodi e servitori della vita

15. L'accoglienza del dono di una nascita si esprime in modo esemplare nel *servizio alla vita* cui tutti siamo chiamati. Il credente tiene desto nel mondo, insieme a tutti gli uomini di buona volontà, questo altissimo compito, perché è consapevole che «la civiltà di un popolo si misura dalla sua capacità di servire la vita» (CEI, *Messaggio citato*). Tutti noi dobbiamo sentirci impegnati – come singole persone, come famiglie, come comunità cristiane e come cittadini del mondo – a lasciarci di continuo educare e sollecitare ad *amare, nel segno della massima concretezza, la vita in tutte le sue stagioni e in ogni sua situazione.* È innanzitutto in questo preciso senso che la famiglia "è" e "deve diventare" sempre più "anima del mondo".

Questa missione, tuttavia, non può essere apprezzata soltanto entro la ristretta cerchia della famiglia e dei suoi rapporti. Richiede anche un impegno attivo e concreto da parte dell'intera comunità cristiana nelle sue diverse articolazioni ed espressioni.

Occorrerà pure contribuire, in modo sereno ma senza equivoci e compromessi, a far crescere nella cultura di oggi, non sempre incline quando non totalmente chiusa ad apprezzarne il dono, *il senso autentico della vita come il dono umano più prezioso.* La cultura nel suo complesso non può perdere la sua "anima", il suo "respiro" propriamente umano. E quest'anima e questo respiro sono dati dalla "cultura della vita".

Ma come assicurare una simile anima? Aiutando le persone a vincere paure e timori e ad assumersi la responsabilità dell'*accoglienza* e della *cura* della vita. E ancora, favorendo un dialogo con le istituzioni civili, che non possono far mancare il loro sostegno nel creare le migliori condizioni perché la vita sia accolta, accompagnata e protetta in ogni fase e condizione del suo sviluppo, soprattutto quando ha più bisogno degli altri. Lo esige assolutamente il bene comune – di tutti e di ciascuno –, in un suo fondamentale e irrinunciabile valore!

Ma non si tratta semplicemente di avanzare delle *rivendicazioni* – non solo legittime, ma anche doverose –, quanto di *porre in primo luogo noi stessi al servizio della vita* nella comunità cristiana e nel mondo, apprendendo di continuo l'arte dell'incontro e della collaborazione con ogni istituzione e persona. Dobbiamo divenire "esperti di condivisione", essere cioè generosamente pronti a compiere un tratto di cammino con chiunque sia disposto, servendo la vita, ad *offrire un di più di speranza* a questa nostra società, nella consapevolezza che il bambino di oggi è l'adulto di domani.

La vita va amata, custodita e servita lungo l'intero arco della sua esistenza, dal concepimento al suo termine naturale. Custodire la vita dell'uomo è accoglierla "ai suoi esordi" e "verso il suo epilogo", come pure è "non metterla a repentaglio sul posto di lavoro e sulla strada e amarla anche quando è scomoda e dolorosa" (CEI, *Messaggio citato*). La vita, infatti, non è *minacciata* soltanto *dall'aborto e dall'eutanasia*, anche se queste sono questioni della massima rilevanza in quanto connesse con i momenti più decisivi e caratteristici della vicenda umana, sia personale che sociale. La vita è un bene di cui prendersi cura *in ogni suo momento*, nel periodo dell'infanzia e della fanciullezza, in quello dell'adolescenza, nella giovinezza, nell'età adulta e anziana.

La vita è *minacciata*, in realtà e non meno, *anche da altro*: dalla ignoranza, dalla miseria, dalla droga, dalla prostituzione, dalla mancanza di risorse disponibili per la propria famiglia; da situazioni lavorative che non mettono l'uomo al centro ma ne fanno un mero strumento per il profitto, da un'economia posta a servizio di interessi particolaristici; da ogni genere di violenza, morale o fisica; da ogni specie di attacco alla vera pace.

Il Concilio Vaticano II ci chiede di allargare il nostro sguardo e il nostro impegno là dove scrive: «Tutto ciò che è contro la vita stessa, come ogni specie di omicidio, il genocidio, l'aborto, l'eutanasia e lo stesso suicidio volontario; tutto ciò che viola l'integrità della persona umana, come le mutilazioni, le torture inflitte al corpo e alla mente, gli sforzi per violentare l'intimo dello spirito; tutto ciò che offende la dignità umana, come le condizioni infraumane di vita, le incarcerazioni arbitrarie, le deportazioni, la schiavitù, la prostituzione, il mercato delle donne e dei giovani, o ancora le ignominiose condizioni del lavoro con le quali i lavoratori sono trattati come semplici strumenti di guadagno, e non come persone libere e responsabili; tutte queste cose, e altre simili, sono certamente vergognose e, mentre guastano la civiltà umana, ancor più inquinano coloro che così si comportano, che non quelli che le subiscono; e ledono grandemente l'onore del Creatore» (*Gaudium et spes*, n. 27).

In questo slancio al servizio alla vita in tutte le sue fasi e condizioni, la famiglia occupa un posto di primo piano. Anzi, sembra che questa sua missione debba essere, di giorno in giorno e sempre più, riconosciuta, estesa ed approfondita. Pensiamo a quando nasce un bambino: dopo la trepidazione e l'attesa c'è gioia e novità; ma la venuta alla luce di una nuova creatura va non soltanto stimata e rispettata, ma anche sostenuta e, per una famiglia credente, compresa alla luce della fede, in quanto vero e proprio atto di ringraziamento e di affidamento a Dio.

Questa missione, che tocca così da vicino il vissuto delle nostre famiglie, deve allora suscitare *affetto, stima, stupore*, ma richiede anche forte capacità di *sacrificio* e di *dono di sé.* Soltanto una mamma e un papà potrebbero raccontarci cosa ha rappresentato per loro – specie in certe situazioni – l'accoglienza di un figlio. E allo stesso modo dobbiamo essere riconoscenti agli altri familiari che volentieri prestano il loro aiuto, magari facendo dono del loro tempo perché la vita del bambino sia custodita e possa crescere bene, circondata da tenerezza e affetto. Per questo, sentiamo di dover rivolgere un pensiero particolarmente grato e affettuoso ai *nonni*, che della vita sono, dopo i genitori, i primi "custodi".

Dobbiamo ora ringraziare e incoraggiare tutte le persone che – come *famiglie* ma anche come *parrocchie*, *associazioni*, *movimenti*, *consultori familiari*, *unioni professionali* ed in ogni altra forma – sono impegnate a rendere testimonianza al valore incomparabile della vita, sia attivando *iniziative* di accoglienza, di sostegno e promozione della vita, in particolare di quella nascente e in situazioni di "fragilità", sia rendendosi in modo credibile ed efficace *testimoni e annunciatori di un'autentica cultura della vita.*

Soprattutto alle nuove generazioni questa autentica cultura della vita va comunicata e fatta sperimentare. *Educare* esprime senza dubbio una *modalità alta di servizio alla vita*. Per questo sento di dover affidare agli organismi sopra ricordati l'impegno a dare progressiva attuazione alle indicazioni offerte lo scorso anno, perché questa autentica cultura della vita sia il cuore di quella *traditio amoris* che compete in primis alla famiglia e che può trovare giuste ed efficaci collaborazioni con altri organismi (cfr *Famiglia comunica la tua fede*, nn. 34-38).

Un singolare apprezzamento vogliamo esprimere a tutte le famiglie e alle istituzioni ecclesiali che accompagnano le coppie, a cominciare da quelle giovani e immigrate, nelle loro aspettative e nelle loro necessità. Alcune volte le loro sono necessità psicologiche e relazionali, ma non poche volte manifestano anche il desiderio di un percorso di spiritualità coniugale; altre volte si tratta di offrire un aiuto concreto a favore di quelle famiglie che si trovano in condizioni di disagio e precarietà, o mancano delle risorse economiche sufficienti, o ancora sono ricattate dalla minaccia di perdere il posto di lavoro in caso di nuova maternità. In quest'ultimo caso, non manchino mai la solidarietà e l'apporto responsabile da parte delle istituzioni ecclesiali e civili e da parte degli stessi datori di lavoro, perché la legalità, premessa indispensabile di una vita sociale libera e democratica, sia ovunque rispettata.

La cura della salute e la prova della sofferenza

16. La famiglia ama e serve la vita anche nel *promuovere la cura della salute e nel sostenere la prova della sofferenza.*

Considerando l'importanza della salute nella vita concreta di una famiglia, penso immediatamente alle *innumerevoli situazioni di malattia e di sofferenza* che incontro tra la gente. Quanta gente chiede, con fede, una preghiera per le persone care che sono malate! Mi viene così alla memoria una situazione di vita familiare che Marco ci racconta nel suo vangelo: «*E, usciti dalla sinagoga, si recarono subito in casa di Simone e di Andrea, in compagnia di Giacomo e di Giovanni. La suocera di Simone era a letto con la febbre e subito gli parlarono di lei. Egli, accostatosi, la sollevò prendendola per mano; la febbre la lasciò ed essa si mise a servirli*» (*Marco* 1,29-31).

Dalla sinagoga si passa alla casa, dal luogo del culto alla famiglia, luogo vivo e intenso di affetti in cui ci si preoccupa della salute e si affrontano le malattie, le diverse forme di fragilità, il peso della sofferenza. Ogni casa può essere illuminata da *una Presenza*, quella di Gesù che, insieme ai suoi discepoli, si affretta verso questa casa dove c'è una donna che sta male, e – scrive l'evangelista – «subito gli parlarono di lei».

Il bene della salute è prezioso e la sofferenza coinvolge *subito*, immediatamente, tutti coloro che vivono accanto al malato. A volte questo *parlare* è spontaneo, quasi un bisogno irresistibile del cuore; altre volte già l'affrontare la "questione malattia" costituisce una difficoltà, comporta una fatica, suscita un non lieve imbarazzo. È quanto normalmente avviene nelle nostre famiglie.

Il *parlare a Gesù* della malattia da parte dei discepoli ha già il sapore di un affidamento, di una preghiera: ci si dispone a vivere *insieme*, come famiglia, *e davanti a Dio* la *prova* della malattia e la *speranza* della salute. Solo nella fede è possibile scorgere fino in fondo l'intervento guaritore di Gesù, che *risolleva* la donna ammalata, restituendole non soltanto la salute, ma anche la fiducia in se stessa e una nuova speranza: la mette in grado di riprendere la vita di ogni giorno e di ritrovare un nuovo slancio di carità (cfr *Luca* 4,39).

Lo dobbiamo ringraziare, il Signore, per il bene della salute, proprio perché sappiamo che la vita umana, anche se è un grande dono di Dio, è pur sempre minacciata dalla *fragilità* e dalla *sofferenza*, nelle loro più diverse forme.

Quando è raggiunta dalla fragilità e dalla sofferenza, la famiglia in forza della sua soggettività sociale ha il diritto e il dovere, certo di portare il proprio necessario contributo, ma insieme anche di esigere dalla società delle *autentiche politiche della salute, che pongano al primo posto il benessere della persona nel suo contesto familiare,* non dunque politiche prigioniere di una prospettiva individualistica e con la preoccupazione prima del profitto.

Ancora più radicale poi è l'esigenza da parte della famiglia che le responsabilità gestionali e professionali siano vissute con competenza, onestà e seria coscienza morale, e dunque nel *rispetto pieno della dignità personale del malato e del sofferente*, una dignità che proprio in questa situazione si fa più splendida ed esigente. Dove il lavoro, come quello in ambito sanitario, chiede più fortemente i tratti del servizio nella carità, i *cristiani*, a qualsiasi livello si trovino ad operare per la salute delle persone, siano sempre *testimoni esemplari di gratuità e dedizione*. E questo "secondo la misura del cuore di Cristo": è il cuore del "buon samaritano" che vede, ha compassione, si fa vicino, fascia le ferite, porta alla locanda e si prende cura (cfr *Luca* 10,33-34).

L'esperienza ci insegna che la famiglia quando incontra la realtà dolorosa della malattia viene messa duramente alla *prova*. È costretta a cambiare ritmi di vita e ad assumere nuove e gravi responsabilità. Muta la qualità delle relazioni, al suo interno anzitutto, e verso l'esterno.

Penso in particolare ai molti modi con cui la sofferenza bussa alla porta di una famiglia e insieme dell'intera società. Anzitutto, la sofferenza di tanti *anziani*, spesso vissuta con grande dignità e con preoccupazione per non essere di peso agli altri; la *malattia inattesa e grave*, che in breve o brevissimo tempo rapisce alla vita e agli affetti un familiare, spesso giovane; la *sofferenza di natura psichica*, tutt'altro che rara nei nostri contesti che sottopongono le persone a *stress*, ad un vissuto che logora e non concede tregua; la sofferenza del *diversamente abile* e del *lungodegente*; quella dei piccoli, dei *bambini*, che in massimo grado ci interpellano sul "perché" e sul "senso" del dolore innocente. Ma penso anche alla sofferenza di tante *famiglie migranti* che faticano ad inserirsi entro il nostro tessuto sociale e culturale; e alla sofferenza che è variamente *causata dall'ingiustizia* altrui, o che ci viene riversata nelle nostre case dagli schermi televisivi e dai mezzi della comunicazione sociale mostrando frammenti di un *soffrire mondiale* di proporzioni insostenibili.

Mi chiedo: come la famiglia può affrontare, può disporsi nei confronti di questa quotidiana realtà, tanto dolorosa e inquietante quanto in molti modi assai vicina a tutti noi? Occorre un'attenzione estrema per evitare ogni approccio semplicistico e incauto nei riguardi della sofferenza. Per nessuna ragione ci è concesso di attenuarne, anche soltanto a parole, la *drammatica incidenza nella vita delle persone e delle famiglie*. Neppure Gesù lo ha fatto!

Egli stesso, però, proprio assumendola su di sé, più che rendercene ragione in astratto, ci ha mostrato che è possibile affrontarla e superarla: mai da soli, ma con Lui. «Il Cristo – ha scritto Paolo VI – non ha soppresso la sofferenza; non ha neppure voluto svelarne interamente il mistero: l'ha presa su di Lui e questo è abbastanza perché noi ne comprendiamo tutto il valore» (*Messaggio del Concilio ai poveri, agli ammalati, a tutti coloro che soffrono*).

Mai da soli, dunque, ma con il Signore Gesù; e – aggiungiamo – con quanti, facendosi suoi strumenti di amore e di "compassione", si prestano a mettersi con disponibilità e continuità a servizio di chi soffre. È affidandoci a Cristo che possiamo trovare luce anche là dove tutto sembra parlare il linguaggio duro e oscuro della sofferenza e della morte.

17. Di fronte al dolore *il cristiano ha risorse nuove e più grandi che gli derivano dalla fede per interpretare e soccorrere la sofferenza umana*, sia nell'ambito puramente professionale e sociale, che in quello familiare ed ecclesiale. In questa articolata presenza, le persone in famiglia e in ogni professione sanitaria e assistenziale manifestano in maniera singolare di essere "anima del mondo". Ma le famiglie e le istituzioni non vanno lasciate sole: ciascuno è chiamato a compiere bene il proprio lavoro, con attenzione, onestà, rispetto e generosità, sia nelle strutture sanitarie come negli spazi raccolti delle pareti domestiche, tra vicini di casa, parenti, amici, affinché *nessuno si senta abbandonato e imprigionato nella solitudine.*

La sofferenza non è soltanto *propria*, è sempre anche *prossima*, da qualsiasi parte venga, come rileva papa Benedetto XVI appellando all'autentica *consolazione*: «Accettare l'altro che soffre significa assumere in qualche modo la sua sofferenza, cosicché essa diventa anche la mia. Ma proprio perché ora è divenuta sofferenza condivisa, nella quale c'è la presenza di un altro, questa sofferenza è penetrata dalla luce dell'amore. La parola latina *con-solatio*, consolazione, lo esprime in maniera molto bella suggerendo un essere-con nella solitudine, che allora non è più solitudine» (*Spe salvi*, n. 38).

Vorrei insistere nel porre in luce l'esempio che ci viene e la gratitudine che dobbiamo nutrire per il contributo di quanti – singolarmente, come famiglie, e nelle più diverse forme associate –, mettono a disposizione tempo, risorse e soprattutto amore per *prendersi cura degli ammalati*. Sappiamo anche che in prima fila nella cura della sofferenza vi sono medici, infermieri ed altri operatori sanitari, che – credenti e non credenti – meritano stima, apprezzamento e riconoscenza per la professionalità, la dedizione, l'impegno con cui affrontano situazioni molto delicate. Tuttavia *la famiglia rimane sempre il luogo primario in cui la sofferenza viene ospitata e accompagnata con amore delicato e forte.*

Le *comunità cristiane*, chiamate a condividere la missione di Gesù di «annunciare il regno di Dio e guarire gli infermi» (*Luca* 9,2), ricevono la grazia e hanno la responsabilità di essere concretamente vicine alle famiglie che vivono la dura prova della sofferenza. È necessario allora che in ogni comunità vengano formate persone perché in forza del sacerdozio comune dei fedeli siano disponibili e capaci di "prossimità" con queste famiglie e portino loro la speranza e l'amore che nascono dalla fede in Gesù crocifisso e risorto.

Non c'è dubbio che un aspetto prioritario di questo impegno di "prossimità" alle famiglie sia quello culturale e formativo. Occorre promuovere *cammini educativi*, specie con i giovani, non solo per contrastare la cultura che presenta la normalità della vita sempre contraddistinta dai tratti della salute e del benessere fisico e psichico, ma anche per offrire una visione cristiana e completa della vita umana.

Non manchi mai, per i malati e i sofferenti che lo desiderano, il grande dono della *Comunione eucaristica*, specie nel Giorno del Signore. E a tale riguardo, come già richiamato in altre occasioni, chiedo di fare in modo che in ogni parrocchia o comunità pastorale ci sia un numero sufficiente di ministri straordinari della Comunione. I sacerdoti poi siano attenti a valorizzare, con la dovuta catechesi e la delicatezza evangelica, la celebrazione del *sacramento dell'Unzione degli infermi.*

Ad interagire con le famiglie troviamo abitualmente *numerosi operatori della pastorale della salute*, tra cui i cappellani ospedalieri, i religiosi e le religiose, le persone consacrate e i fedeli laici che con assiduità e spesso senza riconoscimenti particolari "si prendono cura" delle persone che soffrono. Ricordo in particolare coloro che sono al servizio degli ammalati o come singoli o nella forma del volontariato associato, coloro che negli ospedali, nelle case di cura o a domicilio, assicurano premurosa attenzione ai sofferenti.

Preziosa è anche l'opera di *formazione e di coordinamento* degli operatori di pastorale sanitaria e dei volontari, promossa in particolare dal *Servizio diocesano per la Salute.*

Tutti ringrazio, tutti incoraggio, per tutti prego perché l'umanità sofferente e in particolare le famiglie provate dal dolore trovino sempre sulle loro strade una comunità cristiana viva, immagine e riflesso reale del "buon samaritano" che accoglie, cura, guarisce, consola, ridona speranza.

Capitolo Terzo

La famiglia
l'educazione, la cultura, la scuola, la comunicazione sociale

L'educazione è cosa del cuore

18. C'è forse, per la famiglia, un compito più bello e più difficile di quello dell'educare i figli, ossia di donare loro, con la "vita", le "ragioni della vita"?

Proprio su questo compito, che per voi, famiglie, è fonte insieme di gioia e di sofferenza, di speranza e di paura, di fierezza e di delusione, vorrei soffermarmi, iniziando con alcune *parole del Concilio Vaticano II.* Il mio desiderio è che ogni famiglia possa trovare in questo brano motivi di fiducia e di incoraggiamento nel vivere ogni giorno la grande missione educativa ricevuta dal Signore.

«I genitori, poiché hanno trasmesso la vita ai figli, hanno l'obbligo gravissimo di educare la prole: vanno pertanto considerati come i primi e i principali educatori di essa. Questa loro funzione educativa è tanto importante che, se manca, può a stento essere supplita. Tocca infatti ai genitori creare in seno alla famiglia quell'atmosfera vivificata dall'amore e dalla pietà verso Dio e verso gli uomini, che favorisce l'educazione completa dei figli in seno personale e sociale. La famiglia è dunque la prima scuola delle virtù sociali, di cui appunto hanno bisogno tutte le società. Soprattutto nella famiglia cristiana, arricchita della grazia e della missione del matrimonio-sacramento, i figli fin dalla più tenera età devono imparare a percepire il senso di Dio e a venerarlo e ad amare il prossimo secondo la fede che hanno ricevuto nel battesimo; lì anche fanno la prima esperienza di una sana società umana e della Chiesa; sempre attraverso la famiglia, infine, vengono pian piano introdotti nella convivenza civile e nel popolo di Dio...» (*Gravissimum educationis*, n. 3).

Ogni famiglia, lasciandosi prendere dai sentimenti suscitati dal testo conciliare, possa ritrovare luce e conforto per assolvere il compito educativo nella sua concreta situazione. Da parte mia vorrei solo esprimere *due convinzioni*.

La prima. Non nego che spesso l'impegno ad educare, per non poche famiglie, si presenta assai difficile e complesso, addirittura quasi impossibile. Eppure lo ritengo *sempre possibile*, soprattutto se lo si coglie nella sua radice: *l'amore paterno e materno*, un amore che Dio non manca mai di assicurare come naturale prolungamento dell'amore che ha generato la vita del figlio. È quest'amore che, da *sorgente,* diviene *anima* e *norma* che ispira, orienta, sostiene guida tutta l'azione educativa concreta e l'arricchisce di quei valori di dolcezza, costanza, bontà, servizio, disinteresse, spirito di sacrificio, che sono il più prezioso frutto dell'amore. Proprio come diceva san Giovanni Bosco agli educatori: «Ricordatevi che l'educazione è cosa del cuore»!

La seconda convinzione riguarda in particolare i genitori cristiani, che hanno la possibilità, anzi la certezza, di trovare nella *grazia del sacramento del matrimonio* l'aiuto "permanente" di crescere i loro figli secondo la fede cristiana. Con questo sacramento Dio chiama i genitori cristiani «a partecipare alla stessa autorità e allo stesso amore di Dio Padre e di Cristo pastore, come pure all'amore materno della Chiesa, e li arricchisce di sapienza, consiglio, fortezza e di ogni altro dono dello Spirito santo per aiutare i figli nella loro crescita umana e cristiana» (*Familiaris consortio*, n. 38).

Ed ora al di là degli obiettivi e dei contenuti – su cui abbiamo offerto alcuni spunti nella seconda tappa del *Percorso pastorale* – ci soffermiamo in particolare sulle *dimensioni sociali del compito educativo*, considerandone i molteplici rapporti con la cultura, la scuola e la comunicazione sociale.

Educazione e cultura

19. Se le famiglie vogliono affrontare il compito educativo in modo concreto ed efficace devono tenerlo inserito entro l'orizzonte più vasto e determinante della *cultura*, della mentalità e del costume presenti nella società. La cultura infatti esprime e determina *l'interpretazione che l'uomo dà della propria vita*, trovandone il significato come *realtà bella, buona, vera*.

Parliamo di cultura al singolare. In realtà ci troviamo di fronte e immersi sempre più in una *pluralità di culture*, con interpretazioni della vita e del suo significato non solo diverse tra loro ma spesso contrapposte. E di queste interpretazioni tutti noi siamo, non solo destinatari, ma anche protagonisti e responsabili. Lo siamo tutti senz'altro, ma in modalità differenti, con varia intensità, con competenze e responsabilità diverse. In particolare la *famiglia è presente e operante nella cultura con un suo compito proprio, prioritario e insostituibile.*

È soprattutto in famiglia che ciascuno di noi può apprendere le regole essenziali del pensiero (il "vero"), del gusto (il "bello") e del comportamento (il "bene"). È in famiglia che si impara ad aprirsi al primo sguardo sul mondo, a respirare un vero concetto di libertà, di democrazia, di bene comune, di solidarietà. È in famiglia che si viene a riconoscere che quanto accade all'esterno di casa nostra non è una realtà estranea, ma è un vissuto che in qualche modo ci appartiene e personalmente ci interpella. È in famiglia che si impara a rispettare la realtà del mondo, nella sua autentica autonomia e insieme nel suo riferimento al Dio Creatore. È in famiglia che si scopre il Vangelo come la Parola vera e nuova, non solo per ciascuno di noi ma anche per tutti.

Come sempre, anche la *cultura attuale*, nella sua pluralità e contraddittorietà, ci chiede di volta in volta *accoglienza e apprezzamento, discernimento e critica.* Viviamo, infatti, nel contesto di un intreccio inestricabile di mentalità e di costumi, simile al campo evangelico nel quale crescono insieme il buon grano e la zizzania (cfr *Matteo* 13,24-30). E così *il compito educativo si incontra e si confronta continuamente con la cultura*, talvolta in termini anche fortemente problematici. Quante volte le famiglie sentono che i valori che cercano di trasmettere ai figli sono esattamente opposti a quelli che i ragazzi e i giovani assorbono e "respirano" dall'ambiente in cui sono inseriti: la scuola, la televisione, internet, il gruppo di amici, le discoteche, le palestre, eccetera!

In questo contesto non facile *le famiglie e le comunità cristiane non devono rinunciare a un confronto con la cultura e la mentalità di oggi.* Devono essere anzitutto *luoghi di ascolto critico* in cui, con un'intelligenza illuminata dalla ragione e dal Vangelo, adulti e ragazzi imparano a valutare i messaggi culturali – spesso disparati e contraddittori – per trovare le risposte ai grandi interrogativi sul "senso" della vita dell'uomo.

In questo itinerario di "ricerca di senso" le famiglie e le comunità devono saper *dialogare* con le altre realtà culturali ed educative del territorio. Lo stesso *annuncio del Vangelo e della fede*, proposto dalle nostre comunità cristiane e dai singoli credenti, deve più coraggiosamente aprirsi, comprendere a fondo e interagire con il proprio ambiente culturale e con i vissuti quotidiani della gente. Questo *annuncio* è chiamato a far scoprire e vivere l'originale e intramontabile novità del Vangelo e, insieme, la sua bellezza e fecondità umana, non solo nella vita delle singole persone e famiglie, ma anche nella stessa vicenda storica in cui tutti noi siamo inseriti.

Per la grande posta in gioco, sento di dover chiedere, in particolare a livello decanale o almeno zonale, di *rinnovare e rilanciare con più forza l'impegno cul-*

turale, l'impegno cioè a suscitare in tutti attenzione, interesse e partecipazione alle realtà della cultura e della scuola presenti sul territorio. Rientra infatti nella vocazione evangelizzatrice o missionaria della Chiesa e del cristiano – e quindi in modo specifico delle famiglie cristiane – l'impegno di confronto con la cultura. Ce lo ricorda, ancora una volta, l'apostolo Pietro: «Adorate il Signore, Cristo, nei vostri cuori, pronti sempre a rispondere a chiunque vi domandi ragione della speranza che è in voi» (*1 Pietro* 3,15).

Famiglia e scuola: un'alleanza necessaria

20. Nell'impegnativo e affascinante compito di far crescere nella pienezza della loro umanità i propri figli, *la famiglia non può fare a meno della scuola*, proprio perché l'educazione è aprire alla relazione con gli altri, con la società. Anche se, per assurdo, una famiglia avesse tutte le competenze e tutte le conoscenze necessarie per far fare ai propri figli un percorso intellettuale analogo a quello scolastico, la scuola sarebbe comunque necessaria. Essa – al di là dei suoi limiti, a volte molto evidenti – rimane la principale risorsa formativa e culturale di cui la società oggi dispone.

La scuola, in realtà, esprime l'attenzione educativa di un popolo, trasmette alle nuove generazioni valori, sentimenti, emozioni, inclinazioni, conoscenze, ecc. che formano la tradizione di "sapienza" di una società, apre gli orizzonti a uno sguardo sul mondo intero e fa maturare le capacità di relazione, di pensiero critico e di decisione, indispensabili per la piena realizzazione del progetto di vita di ogni ragazzo e di ogni ragazza. La scuola deve dirsi uno dei patrimoni più preziosi di una nazione. Proprio per questo, *la comunità cristiana non può non nutrire stima e amore per la scuola* e per chi in essa lavora, e si sente chiamata a *collaborare* con loro in ordine al bene comune.

Il passaggio dall'ambiente della famiglia allo spazio sociale della scuola conduce a un particolare *arricchimento personale*, del tutto necessario. Nella scuola infatti si incontrano stili di vita, abitudini, mentalità differenti da quelli che la famiglia ha fin lì trasmesso in modo pressoché esclusivo.

Oggi poi l'incontro arricchente – ma anche non privo di problemi – con persone diverse è anche, molto spesso, *l'incontro con etnie, lingue, tradizioni, religioni e abitudini differenti.* E' un fatto, questo, che merita una riflessione. Il fatto è che silenziosamente sta già avvenendo *l'integrazione* di moltissimi ragazzi stranieri proprio a partire dalla quotidiana esperienza comunitaria che si attua nelle classi scolastiche. Ognuno dei nostri figli, specie in tenera età, vanta nella cerchia delle sue relazioni un piccolo "amico" nato da genitori di etnie e culture profondamente differenti dalla nostra. E loro, i bambini, diversamente dagli adulti, prima di vedere una diversità etnica sono capaci di scorgere un loro simile, un bambino come loro, portatore degli stessi diritti... Così, sia la scuola che la famiglia, non possono non sentirsi maggiormente impegnate ad accompagnare questa *esperienza di inserimento culturale e di integrazione sociale*, spesso di non facile e immediata comprensione, ma necessaria per il bene, attuale e futuro, di tutti.

Non ci si può nascondere che *da decenni la scuola italiana vive una situazione di disagio*: i continui e sempre interrotti tentativi di riforma, la cronica carenza di risorse e di strutture adeguate, l'insoddisfacente riconoscimento della professionalità di chi in essa vi lavora con serio impegno e, viceversa, la trascuratezza e la mancanza di un responsabile intervento nei confronti di chi non svolge il proprio compito, e così via.

Questo disagio, che in certe situazioni si accentua sino a compromettere anche gravemente la possibilità di offrire ai ragazzi un percorso educativo sereno ed efficace, può portare a un *rimpallo di responsabilità*. Si sente allora dire – a seconda della parte che si fa "accusatrice" – che se la scuola va male la colpa è del governo e delle istituzioni; oppure è degli insegnanti che sono impreparati e inconcludenti; o del personale non docente che non fa il suo mestiere; o dei dirigenti che non sono capaci di coordinare e governare; o dei genitori che non seguono a casa i propri figli e non insegnano loro un minimo di disciplina; oppure dei ragazzi che "hanno la testa per aria", sono continuamente distratti e diventano spesso protagonisti impunibili di fenomeni di "bullismo"; o ancora di quegli alunni "difficili" (spesso stranieri) che impediscono alla classe di proseguire nel programma; o della televisione e di internet che offrono modelli alternativi a quelli della scuola; o, infine, della società, questa specie di entità astratta che ha comunque tutte le colpe…

Considerazioni in tutto o in parte vere, ma l'accusa reciproca non porta lontano. *Solo una vera alleanza* tra tutti coloro che hanno a cuore l'educazione integrale delle nuove generazioni *può far uscire la scuola italiana dalla crisi*, in particolare l'alleanza tra genitori, insegnanti e operatori scolastici.

21. Le *famiglie*, con le loro sacrosante esigenze e con i legittimi sogni che nutrono nei riguardi dei propri figli, non devono considerare la scuola come controparte, ma sentirla come un'importante realtà alleata nel difficile lavoro di formazione e di crescita delle nuove generazioni. A decidere un rilancio positivo e fecondo della scuola sono la sincerità, la cordialità e la solidità dell'alleanza famiglia-scuola. Un'alleanza che la Chiesa nel suo insieme e le comunità cristiane presenti sul territorio devono sostenere con decisione, spingendo le famiglie credenti ad *essere ancora di più "anima" anche nel mondo della scuola*.

Mi permetto allora di fare *alcuni esempi*, solo per avviare una riflessione che vorrei fosse ripresa e contestualizzata con il coinvolgimento dei consigli pastorali (parrocchiali, di comunità pastorale o di decanato), delle varie commissioni e consulte decanali, ma anche delle *associazioni di genitori* e dei *gruppi familiari*. Queste ultime realtà sono assolutamente decisive: il mondo della scuola, come in genere la nostra società, è una realtà troppo complessa perché una famiglia da sola possa svolgere un'azione significativa. Ben vengano quindi le varie associazioni e i movimenti ecclesiali, ma è pure necessario che si attivino maggiormente i gruppi familiari parrocchiali, di comunità pastorale o di decanato che raccolgono famiglie con figli in età scolastica.

Un prima modalità di azione in una prospettiva di alleanza famiglia-scuola è quella molto semplice, ma anche – non lo nascondo – molto faticosa, della *presenza*: *esserci come genitori nella scuola*. Esserci quando si è chiamati, quando serve, quando lo si ritiene necessario. Non per rivendicare diritti o esporre pretese, ma per il bene dei propri figli e di quelli degli altri.

Questo *esserci* è fondamentale per le cosiddette *scuole difficili o di frontiera*. È comprensibile che un genitore voglia il "meglio" per il proprio figlio e che cerchi la scuola migliore. Ma se le famiglie più preparate abbandonano le scuole problematiche, queste andranno sempre peggio... E lo stesso discorso vale per gli insegnanti e l'altro personale della scuola, che logicamente aspirano a essere in una scuola contrassegnata da un buon clima, dotata delle necessarie risorse, con ragazzi non difficili, ecc. e quindi, se assegnati a scuole "problematiche", possono essere tentati di chiedere appena possibile il trasferimento...

Prendersi a cuore – non da soli, ma in un gruppo di famiglie – una situazione problematica, allearsi con chi ci sta a rimboccarsi le maniche per il bene dei ragazzi, chiedere e pretendere assunzione di responsabilità e risorse, coinvolgere i soggetti locali (comprese le parrocchie), ecc. è l'unica via per impedire il degrado progressivo di certe scuole. O bisogna per forza arrendersi e scappare, se e finché si può? So che diverse comunità parrocchiali, spesso con l'apporto di gruppi di famiglie, promuovono, in collaborazione con la scuola, forme di "doposcuola": sono modalità concrete per venire incontro al disagio dei ragazzi e delle loro famiglie.

Un altro esempio è costituito da *ragazzi* che si trovano a vivere *situazioni di disagio* per diversi motivi: stranieri, portatori di handicap, ragazzi "difficili" (spesso con alle spalle realtà familiari problematiche), ecc. È giusto chiedere alla scuola la presenza di insegnanti di sostegno, di mediatori culturali, di assistenti sociali, di psicologi, e di altri operatori specializzati. Ma il primo sostegno, la prima mediazione è fare in modo che i propri figli, loro compagni, vedano questi ragazzi con rispetto, li coinvolgano nel proprio gruppo di amici, li aiutino a inserirsi a scuola o in oratorio. Le continue e spesso dispendiose feste di compleanno, che non poche volte si svolgono nei locali parrocchiali, non potrebbero essere l'occasione per un'attenzione speciale a questi ragazzi, per un loro inserimento tra i compagni, per una conoscenza dei loro genitori?

Si insiste spesso sull'adozione e sull'affido: sono realtà molto significative (da affrontare con generosità, ma anche con realismo) cui le famiglie cristiane devono essere aperte. C'è però *un "affido" molto semplice e quotidiano*, alla portata di tutti: per esempio, accompagnare a scuola il compagno di un proprio figlio che ha i genitori già al lavoro dal mattino presto; ospitare in casa propria un bambino che ha la mamma in ospedale; dare una mano per le diverse pratiche burocratiche a genitori stranieri...

22. Il discorso generale sulla scuola deve poi rapportarsi in modo concreto ai *vari ordini di scuola.* Accenno solo, anche in questo caso a semplice titolo esemplificativo, a due realtà.

Anzitutto *la scuola secondaria di primo grado.* Diversamente che nel recente passato in cui costituiva ancora (almeno nei primi due anni delle medie) un ambiente tutto sommato "tranquillo", la scuola frequentata dai ragazzi tra gli 11 e i 14 anni sta diventando una *realtà fortemente problematica*, che esige una particolare attenzione da parte delle famiglie. L'inizio precoce dell'adolescenza, il disorientamento affettivo e sessuale, l'assunzione di modelli e di atteggiamenti da "adulto", la pressione delle mode e della pubblicità, l'importanza crescente del "gruppo" visto come alternativa alla famiglia, il rischio di esperienze traumatizzanti, ecc. rendono questa età un momento particolarmente difficile e delicato.

I genitori non possono abdicare al loro compito con la scusa che "ormai è grande", che "devo rispettare la sua personalità e la sua privacy", ecc. È possibile che un ragazzo, una ragazza di questa età frequenti o sia in contatto (via cellulare o internet) con persone all'insaputa dei genitori? Soprattutto a questa età l'adulto – genitore, insegnante, educatore, animatore – deve saper offrire al ragazzo e all'adolescente gli elementi per non smarrire la strada giusta, per non essere travolto dalla miriade di messaggi contraddittori che gli arrivano e possa così essere aiutato nella scoperta di sé in rapporto alla progettazione del proprio futuro, che nel periodo scolastico vive momenti essenziali e spesso decisivi. *E la prima cosa da offrire ai ragazzi, prima ancora dei contenuti, è il tempo*: tempo anzitutto di ascolto. Per un ragazzo e una ragazza di questa età è infatti importante sentirsi capiti, sapere che c'è uno spazio aperto in cui essere se stessi senza sentirsi giudicati e dove possono essere aiutati a trovare le loro risposte.

Una seconda realtà scolastica voglio ricordare: quella della *formazione professionale*. Questa, ben più che un semplice addestramento al lavoro, dovrebbe essere un *percorso di crescita umana e culturale*, entro cui sviluppare competenze utili per un inserimento da protagonisti nell'attività lavorativa. Non deve trattarsi, quindi, di un percorso educativo "di serie B" o "a basso contenuto culturale", ma di una vera proposta formativa per i ragazzi. Siamo di fronte ad una realtà che deve essere guardata da tutti con occhi nuovi e adeguatamente sostenuta dallo stesso ordinamento scolastico.

Spesso le scuole "problematiche", cui sopra accennavo, sono proprio quelle professionali: un motivo in più perché siano oggetto di particolare attenzione da parte delle famiglie, delle comunità cristiane e di tutti coloro, credenti e non credenti, ai quali stanno a cuore il percorso educativo di tanti ragazzi e la loro effettiva possibilità di inserimento nel mondo del lavoro. E questo grazie soprattutto ad una educazione capace di far sperimentare l'importanza e la bellezza di essere dei protagonisti nel lavoro e non delle semplici e anonime funzioni.

Ciò vale anche per coloro che, per le più diverse motivazioni e difficoltà, hanno interrotto un ciclo di studi. Lo stesso rilevante fenomeno degli *abbandoni scolastici* merita particolare attenzione in un'età decisiva per lo sviluppo della personalità.

Le famiglie che vivono queste difficoltà non devono essere lasciate sole da parte di altre famiglie e da parte delle comunità cristiane.

La scuola cattolica paritaria

23. Voglio ora soffermarmi sulla *scuola cattolica paritaria*, che è assolutamente meritevole di un'attenzione tutta speciale da parte delle famiglie e delle comunità cristiane, sempre *all'interno di una prospettiva che si fa carico dell'intero mondo della scuola*. Non è vero che alla Chiesa stia a cuore solo la scuola cattolica. Invece è proprio la complessiva attenzione educativa della Chiesa che spiega il fatto che essa si sia fatta anche diretta promotrice di iniziative scolastiche, senza rinunciare a una presenza nella scuola pubblica, attraverso tutti coloro che in essa sono impegnati, a cominciare dalle famiglie.

Le *famiglie* e le *parrocchie* dovrebbero *tenere in rinnovata considerazione la scuola cattolica*: per l'educazione e la formazione integrale della persona è una risorsa preziosa, il cui servizio non sempre è adeguatamente conosciuto e apprezzato. È vero che la scuola cattolica è frequentemente identificata con le grandi istituzioni che hanno nomi noti e storie illustri, ma oggi la realtà è diversa. Essa infatti è sempre più rappresentata da istituzioni nate dal basso in contesti di comuni relativamente piccoli, in quartieri particolari di città. Sono dunque istituzioni che sono sorte e stanno sorgendo grazie all'impegno di soggetti – comprese le parrocchie – e di associazioni promosse da comunità locali civili o religiose e con il contributo di un volontariato umile e operoso.

Come tutti sappiamo, queste scuole non di rado si trovano a dover far fronte a molte *difficoltà economiche e pratiche*. E a queste non si può continuare a rispondere con gli auspici e le promesse. Esigono di essere prese in considerazione con atteggiamenti meno ideologici e più aderenti ai reali bisogni dei ragazzi e delle famiglie e alle loro scelte educative.

Le scuole cattoliche paritarie, di ogni ordine e grado, offrono percorsi culturali ed educativi che certamente reggono il confronto con le esigenze dell'attuale contesto culturale: accogliendo senza paure le sfide di una società secolarizzata, sono impegnate a formare persone capaci di dare alla società di domani un contributo significativo di competenza e di saldezza di valori, nell'interesse del bene comune. Nell'insieme, si tratta di un sicuro patrimonio culturale da stimare e da amare, per tramandarlo al futuro senza pregiudizi, senza privilegi, senza chiusure.

Spesso *la comunità civile*, pur divenuta più sensibile al problema della scuola paritaria, non valorizza ancora, con una piena parità, questo patrimonio che rende un servizio importante a tutta la società. La scuola cattolica è infatti parte dell'intero sistema scolastico nazionale: contribuisce alla realizzazione delle sue finalità, secondo le modalità proprie della formazione culturale e in collaborazione con le altre scuole.

Mentre ringrazio le famiglie, gli insegnanti e il personale tutto delle scuole cattoliche della nostra Diocesi, rilevo ancora una volta «l'utilità, anzi *la necessità* di non stancarci *di 'rivisitare'*, confermandola e approfondendola sempre più, *l'identità della scuola cattolica*, il suo vero e autentico 'volto' all'interno del più ampio e diversificato mondo educativo e scolastico. E questo per molte ragioni, a cominciare dal fatto che tale identità chiede sì di essere 'proclamata', ma anche 'vissuta'... Aggiungo anche che *l'identità* della scuola cattolica deve dirsi *l'anima e il respiro*, la sollecitudine e la spinta *per affrontare*, senza paura e in modo coerente, *le novità storiche, sociali e culturali* riguardanti l'educazione e la scuola nei termini di vere e proprie 'sfide'... C'è anche da aggiungere che l'identità non è fine a se stessa, ma si pone al servizio e in rapporto alle altre realtà educative e scolastiche presenti e operanti nella società. *L'identità si afferma e di precisa mediante il confronto, il dialogo, la collaborazione...*».

E concludo rilevando ancora una volta che «proprio sotto il profilo ecclesiale si deve dire che l'accresciuta consapevolezza circa l'attuale "emergenza educativa" dovrebbe stimolare un rinnovato e più forte impegno di evangelizzazione e di missionarietà che, al di là delle strade cosiddette classiche della Parola, del Sacramento e della Carità, passi attraverso la strada della scuola: non certo perché la scuola cattolica sia luogo di catechesi, ma perché svolga l'insostituibile funzione di far conoscere la portata propriamente culturale della fede e della vita cristiana» (*Intervento al Convegno "La libertà di educare per crescere tutti. Il contributo della scuola cattolica e la 'disparità' scolastica italiana*, Milano-Università Cattolica, 1 marzo 2007).

L'insegnamento della religione cattolica

24. Quanto all'*insegnamento della religione cattolica*, desidero subito sottolineare l'esigenza di un suo più alto *apprezzamento* e di un suo *rilancio* più convinto ed energico. Al riguardo la nostra Diocesi si sta particolarmente impegnando in questi anni, rinnovando la sua tradizionale attenzione formativa agli insegnanti di religione e ai contenuti della loro attività. Comunque un impegno speciale è affidato alla famiglia.

Invito allora, anzitutto, *i genitori* a riflettere seriamente sull'*importanza* che può avere nella vita di un figlio la *conoscenza dell'esperienza cristiana* nelle sue molteplici manifestazioni storiche e *nelle sue* numerose *valenze culturali*, senza dimenticare l'incidenza che nella maturazione della persona hanno *le domande circa i significati ultimi e religiosi della vita.* Sono domande che l'insegnamento della religione cattolica è chiamata a far emergere, in modo delicato e preciso, al di là dell'eventuale apparente indifferenza dei ragazzi. E così in loro l'orizzonte comprensivo – umano e culturale – della realtà si dilata e si approfondisce favorendo un'interpretazione più completa del mondo in cui vivono e una conoscenza più vera del proprio cuore.

La famiglia si senta sinceramente impegnata nel *dialogare con i figli* al fine di mostrare loro l'importanza di avvalersi di questo insegnamento. È, di fatto, l'unica concreta possibilità offerta dalla scuola di poter conoscere la religione cattolica nel suo versante propriamente culturale. Tale insegnamento permette inoltre di collegare, in modo armonico ed organico tra loro, le diverse discipline scolastiche: arte, letteratura, storia, scienze, geografia, filosofia. È infatti non solo difficile ma impossibile ripercorrere le espressioni dello spirito e della cultura del nostro Paese senza confrontarsi con quanto la religione e la fede dei cristiani hanno prodotto lungo i secoli. Ad esempio, come è possibile, senza questo insegnamento, che i nostri ragazzi riescano a capire e a interpretare il senso di un'opera d'arte che rappresenta una scena della Bibbia o del Vangelo?

Ma alla sensibilizzazione sull'opportunità dell'insegnamento della religione cattolica *non può* certo *rimanere estranea la comunità cristiana.* È preciso compito della Chiesa sollecitare e sostenere tutti, in particolare i genitori e gli insegnanti cristiani, nel farsi carico di questa specifica responsabilità educativa e culturale.

Oltre alla catechesi per la vita cristiana, che avviene in parrocchia, è certamente opportuno completare la *formazione* con un approccio più marcatamente *culturale* riguardo alla religione e alle sue espressioni storiche: è quanto avviene a scuola. Lo ripetiamo ancora una volta, anche se per tutti dovrebbe essere chiaro: l'insegnamento della religione cattolica non è la continuazione della catechesi. Molte famiglie non cristiane, o anche non credenti, lo hanno compreso e chiedono per i loro figli che vi prendano parte. Come, invece, non essere rammaricati per le famiglie che, pur chiedendo un cammino di catechesi in parrocchia, lasciano che il proprio figlio diserti l'ora di religione a scuola?

Un ulteriore fatto riguarda la *scuola italiana*: il suo divenire sempre più *multietnica* e *multireligiosa*. In una simile situazione e in ordine al necessario cammino di integrazione sociale delle famiglie, a cominciare dai figli, risulta particolarmente significativo un insegnamento religioso come fattore di reciproca conoscenza e di dialogo interreligioso: è quanto avviene per l'ambito delle culture e, più radicalmente, per l'ambito della religiosità, che è dimensione insopprimibile della coscienza e della vita della persona umana.

Agli *insegnanti di religione*, che ringrazio di cuore per la loro passione e per il loro impegno educativo – un vero e proprio "servizio" che a cerchi concentrici è reso e si estende agli studenti, alle famiglie, alla Chiesa e alla società –, vorrei chiedere di *crescere nella loro professionalità* attraverso un costante aggiornamento teologico e didattico che li solleciti a curare non solo i contenuti, ma anche il contesto e i linguaggi del loro insegnamento.

La Chiesa e le famiglie chiedono a voi insegnanti – di religione e non – di essere nel mondo della scuola italiana *figure educative autentiche*, al servizio di una formazione culturale e umana profonda, solida e persuasiva. Vi siano di sprone le parole ammonitrici e incoraggianti di Paolo VI: «L'uomo contemporaneo ascolta più volentieri i testimoni che i maestri, o se ascolta i maestri lo fa perché sono dei testimoni» (Esortazione *Evangelii nuntiandi*, n. 41). Proprio così: in ogni insegnante, e in particolare negli insegnanti di religione, spesso gli alunni più o meno consapevolmente vogliono vedere anzitutto dei *testimoni*, delle persone che credono a quello che insegnano, e si sforzano di testimoniarlo con le molteplici espressioni della loro didattica e della loro dedizione.

È una testimonianza, questa, che si fa più credibile ed efficace là dove si svolge, in modo sistematico, un *lavoro comune di collaborazione e di corresponsabilità* da parte di tutti i soggetti interessati ad una grande *prevenzione educativa*, che sola può rispondere all'attuale "emergenza educativa".

Famiglia e comunicazione sociale

25. Le famiglie non vivono chiuse in casa, come i figli non ascoltano soltanto le parole dei genitori. Da mille porte e da mille finestre oggi escono ed entrano messaggi senza numero: dichiarazioni di persone e istituzioni, messaggi sonori e visivi, annunci verbali veri e falsi, positivi e negativi creano ogni giorno forme di invisibile condizionamento e di fortissimo coinvolgimento tra le persone. Le attuali tecnologie rendono questo flusso comunicativo assai pervasivo ed estremamente complesso. Esso è però una grande ricchezza per l'umanità di oggi e anche per la Chiesa e costituisce – per tutti e in particolare per le famiglie – uno tra i più importanti e frequentati *ambiti in cui riversare una coraggiosa presenza educativa.* Questa fittissima rete comunicativa può dirsi in verità *la più grande rivoluzione del nostro tempo.*

Se da un lato la *modalità* della comunicazione è già un *contenuto*, dall'altro essa richiede, proprio per questo, una gestione adeguata e matura di questo nuovo fenomeno. Di qui la necessità di *una vera libertà* e quindi l'urgenza di *una grande responsabilità.* Oggi la famiglia educa i figli al corretto rapporto con il mondo soprattutto attraverso l'uso dei *mezzi di comunicazione di massa.* Essi costituiscono *una delle principali mediazioni tra l'ambiente familiare e la società*; offrono facile accesso a notizie, idee, rappresentazioni della realtà, insieme a opinioni, giudizi e commenti provenienti da ogni parte del globo. *I media portano il mondo dentro casa* e contribuiscono non poco al costituirsi dell'immaginario e del costume, alla formazione dei giudizi sul reale e all'elaborazione delle scelte quotidiane. Non dimentichiamo: questi stessi media diventano anche esigenti interlocutori circa la realtà della fede.

In una famiglia i *primi saggi fruitori* dei mass media devono essere *gli adulti.* Anche per gli adulti sono necessari discernimento e disciplina, capacità di scelta e disponibilità alla rinuncia, non certo estraneità ma neppure eccessiva dipendenza rispetto a queste "meravigliose invenzioni", come le ha chiamate il Concilio Vaticano II (cfr *Inter mirifica*, n. 1). Spetta agli adulti, e in modo particolare ai *genitori*, motivare ai figli le ragioni per un *"uso intelligente"* delle nuove tecnologie. Sono gli adulti, dialogando con i figli, a decidere in quale misura è saggio metterle a loro disposizione. Sono gli adulti che favoriranno in ogni modo il formarsi di giudizi secondo verità, ponderati, personali, e per questo giustamente critici.

Se ora consideriamo l'enorme sviluppo delle tecnologie comunicative degli ultimi anni, ci accorgiamo come *il compito educativo* in questo ambito è diventato per molti aspetti *completamente nuovo*. Irrinunciabile è allora l'impegno della *famiglia* nell'educare i figli al buon utilizzo dei *media*: per loro non sono sufficienti o non esistono del tutto altre opportunità per imparare ad accostarsi ad essi in modo positivo e fecondo. *Scuola e comunità cristiana dovranno attivarsi*, sia per accompagnare i ragazzi, sia per essere di supporto alla famiglia.

Ci pare purtroppo di dover dire che, mediamente, la coscienza degli adulti non si rende sufficientemente conto dell'uso effettivo che i ragazzi fanno di questi strumenti, soprattutto di quelli più moderni, e dell'incidenza unica che essi hanno sullo sviluppo delle loro conoscenze e della loro personalità.

Consapevole della complessità dell'argomento e della necessità che la comunità umana provveda a una regolamentazione responsabile di questo immenso patrimonio, vorrei dire una parola sulla *televisione*, sul *telefono cellulare* e su *internet*.

La *televisione*, anzitutto. In questi anni è stato uno strumento prezioso di comunicazione culturale ed ora si avvia ad avere un'importanza progressivamente secondaria rispetto alle nuovissime tecnologie. Quante volte ci siamo aspettati una più alta qualità della produzione televisiva! Ne riconosciamo sì il valore, ma ne denunciamo pure la forte tendenza linguistica alla narrazione veloce, per suggestioni: è una tendenza che non favorisce nei più giovani la formulazione di un giudizio ragionato, ma spinge spesso a pensare e ad agire in base al vissuto emozionale. Tramite questa modalità emozionale e suggestiva passano, attraverso programmi di grande ascolto e collocati in fasce orarie familiari, modelli di famiglia e di vita molto discutibili.

C'è in questo una grave responsabilità di chi fa televisione. Comunque l'uso della televisione va regolato, a partire dalla validità o meno dei vari programmi disponibili, non affidandosi al caso o all'immediatezza del gusto. In famiglia, è sempre da preferire la visione comune rispetto a quella individuale, in cui vengono a mancare ogni possibile interazione e un utile confronto.

Il *telefono cellulare* è divenuto oggi per i ragazzi non solo uno strumento di comunicazione, ma una sorta di universo relazionale, *un sesto senso*, un senso in più rispetto ai cinque di cui siamo provvisti. È sempre a portata di mano, è ricco di risorse comunicative e offre sempre maggiori opportunità sul piano informatico. Il rischio è che divenga un feticcio, distogliendo dalle relazioni immediate e favorendo un suo uso improprio ed esagerato, fin dalla più tenera età. Ai genitori è pertanto chiesta molta saggezza (compreso il fatto di non affidare la soluzione delle loro legittime preoccupazioni circa la sicurezza dei ragazzi solo alla loro raggiungibilità tramite cellulare) e a tutti una vera responsabilità educativa, al riparo dalla ricerca ad ogni costo di comodità o, sul versante dei produttori, di sempre maggiori profitti.

La novità più sorprendente è data tuttavia dall'uso di *internet*, che rappresenta la sintesi dei "vecchi" *mass media* tradizionali: infatti, al tempo stesso è televisione, radio, cinema, giornale, enciclopedia, telefono e altre potenzialità. La facoltà di fornire risposte sempre e subito, la possibilità di tessere relazioni senza limiti garantendo insieme uno schermo dietro cui la persona può nascondersi, la possibilità addirittura di trasformare gli *utenti* in *autori* della comunicazione rendono questo mezzo di comunicazione molto efficace e attraente per gli adolescenti e i giovani. Data la sua configurazione sintetica, educare all'uso responsabile di *internet* equivale ad educare pressoché a tutti gli strumenti. È richiesto pertanto a tutti noi un grande compito educativo: in questo i genitori devono essere veri protagonisti, ma hanno anche bisogno di essere aiutati e orientati.

L'aver preso in considerazione le novità presenti nel campo delle comunicazioni sociali non deve distogliere l'attenzione da altri percorsi formativi. In questo senso vorrei concludere con un *invito alla lettura*. Sono i genitori i primi a poter invogliare i loro figli all'antico e prezioso strumento della lettura: il libro, anche il libro per ragazzi – di cui oggi possiamo godere con una ricchezza straordinaria –, si rivela sempre uno strumento utilissimo per introdurre i propri figli alla comprensione della realtà, mediante procedimenti più lenti ma più ragionati, più faticosi ma più produttivi. Leggere insieme un libro con i bambini (anche, perché no?, un testo che riprende la Sacra Scrittura) e farsi raccontare dai ragazzi i libri che stanno leggendo, può essere un momento semplice e spontaneo di comunicazione tra genitori e figli.

Capitolo Quarto

La famiglia, la casa, il lavoro, la festa

La casa per *l'intimità* di ogni famiglia

26. La casa è il simbolo della vita di una famiglia, il luogo della sua unità e delle sue confidenze; in essa si coltivano la condivisione e l'amore delle cose più intime e più umane. *Abitare una casa* significa ritrovarsi dopo la inevitabile dispersione del lavoro, esprime il consolidarsi di abitudini buone, favorisce conoscenze e relazioni, dà sicurezza per il futuro. Avere una casa permette di sposarsi, di avere dei figli, di consolidare la propria presenza in un luogo; una casa dà stabilità all'esistenza.

Per alcune persone oggi la casa è diventata un lusso quasi eccessivo, una ostentazione esasperata di benessere e di ricchezza; per molte altre invece è un serio problema anche in vista della impostazione della loro vita e dei loro progetti. Assistiamo sempre di più a una *rilevante emergenza abitativa*, che pone in drammatiche condizioni specialmente le famiglie povere, immigrate, per qualsiasi ragione disagiate.

Provocati da molte situazioni che incontriamo, ci chiediamo quando ogni famiglia potrà accedere, in condizioni accettabili, ad una abitazione dignitosa. Aumentano situazioni di impoverimento e cresce il numero delle giovani coppie che non riescono a sostenere un mutuo o non dispongono delle garanzie per ottenerlo. Aumentano anche i casi di anziani con redditi molto bassi, insufficienti anche solo per pagare le spese condominiali.

Proprio sulla questione della casa oggi, vorrei riprendere quanto ho detto nel *Discorso alla Città per la Vigilia di Sant'Ambrogio 2007*. Chiedendo una casa e un lavoro "dignitosi", ossia degni della dignità umana, sollecitavo l'impegno di tutti – e in specie di quanti hanno una responsabilità di governo – a «rimuovere gli impedimenti che si frappongono a una dignità piena delle persone» e, nella consapevolezza della complessità della questione, concludevo dicendo: «È tempo di agire e di studiare con intelligenza, soprattutto da parte di chi ha responsabilità istituzionali, le vie per rimuovere questi impedimenti che contrastano la dignità delle persone» (*"L'uomo del cuore": anima e forza della città*, p. 30).

Anche i parroci di Milano mi hanno scritto, insieme al loro Vicario di zona, per segnalarmi il sempre più angoscioso problema della casa. In particolare, mi hanno detto: «La scarsità di appartamenti in affitto a prezzi accessibili sta trasformando Milano in una città di *case senza abitanti*, perché edificate e acquistate come forma di investimento, e di *abitanti senza casa*». Hanno poi affidato al mio discernimento la promozione di «una riflessione comune e di qualche iniziativa concreta, sensibilizzando autorevoli istituzioni [...] per lo sviluppo di un'azione sociale capace di venire incontro alle esigenze di molte persone e famiglie fortemente in difficoltà a trovare un'abitazione».

Così rispondevo: «*Apprezzo* – oltre alla vostra scelta di prendervi a cuore questa emergenza – anche *il vostro desiderio di mettere in atto qualche "gesto profetico"*. Sono riflessioni e azioni che meritano *l'attenzione mia e di tutta la Diocesi*».

Ed ora vorrei renderle praticabili. Ma come?

Nello spirito di questo *Percorso pastorale*, oso rivolgermi anzitutto alle *comunità parrocchiali*, agli *istituti religiosi*, alle *realtà del mondo cattolico* e alle *famiglie* che possiedono diverse unità abitative disponibili, perché si offrano a condividere almeno parte delle rispettive proprietà, dandole in locazione a prezzi accessibili.

Sappiamo che la casa è sempre più considerata dal mercato come una delle tante forme di investimento, e non un bene primario fondamentale per la famiglia. Come cristiani e come parrocchie dobbiamo interrogarci: non abbiamo qui l'opportunità di offrire una forte testimonianza? Una casa tenuta vuota non è una dimora sottratta a una famiglia che ne ha bisogno? Non è forse una tentazione quella di tenere un alloggio sfitto in attesa che si rivaluti, che un giorno lontano il figlio si sposi, che chissà quale necessità si presenti in parrocchia...? Certo, chiedendo le dovute garanzie e il giusto riconoscimento economico, non possiamo sentirci chiamati ad agire controcorrente?

Mi permetto di fare appello anche alle *istituzioni locali* perché investano adeguatamente in edilizia popolare e incentivino l'apporto cooperativistico, magari offrendo a buone condizioni la disponibilità di terreni comunali da edificare. Potrebbero inoltre favorire, con appositi interventi di natura sia normativa che economica, l'incontro tra chi può rendere disponibile un'abitazione e chi non riesce a sostenere il costo completo di un affitto alle attuali condizioni di mercato.

Da ultimo, vorrei fare appello a chi investe in *patrimoni immobiliari*, a chi li gestisce o comunque ne trae frutto, perché sia consapevole delle gravi responsabilità che si assume di fronte a Dio e ai fratelli qualora ricercasse soltanto il massimo profitto possibile, nella dimenticanza delle necessità altrui! Una corretta gestione dei propri beni non deve tendere al *massimo*, ma al *giusto profitto*, come del resto insegna la dottrina sociale della Chiesa (cfr *Centesimus annus*, n. 35). E ciò non ha nulla a che vedere con logiche edificatorie o di investimento in immobili improntate a pura speculazione!

Non accada a nessuno di riconoscersi oggetto della denuncia che già da molti secoli risuona nel libro del profeta Isaia: «*Guai a voi, che aggiungete casa a casa e unite campo a campo, finché non vi sia più spazio, e così restate soli ad abitare nel paese*» (5,8). Una denuncia sferzante, questa, subito seguita da una sentenza di condanna, che altro non è che l'immediata conseguenza storica di un agire economico orientato ciecamente al proprio interesse: «*Ho udito con gli orecchi il Signore degli eserciti: "Certo, molti palazzi diventeranno una desolazione, grandi e belli saranno senza abitanti"»* (5,9).

Il lavoro per *la dignità* di ogni famiglia

27. La certezza del lavoro, onesto e retribuito, è una delle esigenze primarie di ogni persona e della sua dignità. Dal lavoro la famiglia trae i mezzi per poter vivere e progettare il proprio futuro: il lavoro favorisce la coesione della famiglia, permettendole autonomia e operosità, intelligenza e creatività, capacità di sacrificio e giusta soddisfazione. Il lavoro e il giusto profitto sono per una famiglia i primi segni di condivisione della vita e dei beni, e rendono le persone libere, responsabili ed effettivamente capaci di contribuire alla società in cui vivono.

Oggi il mondo del lavoro, le sue proposte, le sue garanzie, le sue condizioni appaiono profondamente mutate: è *un mondo dal volto nuovo*, con un intenso influsso sulle persone e sulle abitudini della gente, un mondo che crea in non pochi casi situazioni fortemente problematiche, soprattutto ai giovani. Il lavoro infatti si attua oggi entro una realtà sempre più complessa e spesso sfuggente. Il panorama internazionale delle risorse e la globalizzazione del mercato del lavoro, sia nelle fasce più umili come in quelle più altamente specializzate, hanno ormai generato un sistema di concorrenza sempre più aggressiva, con un'accentuata esigenza di mobilità, con nuove possibilità di sfruttamento disumano e disumanizzante delle persone. Insieme però il mondo attuale del lavoro richiede spesso livelli molto alti di ricerca scientifica e di nuove specializzazioni, esige disponibilità così pressanti da parte delle persone che non raramente compromettono lo stile della convivenza umana e la stabilità delle relazioni familiari. Se da un lato si assiste spesso ad un impoverimento della produzione mentre si innalzano le esigenze dei servizi, dall'altro lato si parla di competenze ma non si garantisce una continuità professionale, si chiedono forze nuove ma si fa fatica ad inserire i giovani in un lavoro stabile. Nasce allora una situazione diffusa di *precarietà*, che tra i tanti problemi che oggi assillano la vita delle nostre famiglie è uno dei più difficili e pesanti da sopportare e da gestire perché genera ansia e senso di insicurezza.

Da parte sua la Chiesa ha sempre tenuto in grande considerazione il lavoro, richiamandone con lucidità e forza il significato più autentico per la vita della persona e per la configurazione della società nel suo insieme. Così nell'enciclica *Laborem exercens* (1981) Giovanni Paolo II esponeva i "tre cerchi" per comprendere il lavoro nella sua valenza sociale: la *persona*, la *famiglia,* la *nazione*, confermando *il primato della persona e della famiglia nell'ambito del lavoro.* Più precisamente il Papa scriveva: «Il lavoro è, in un certo modo, la condizione per rendere possibile la fondazione di una famiglia, poiché questa esige i mezzi di sussistenza, che in via normale l'uomo acquista mediante il lavoro. Lavoro e laboriosità condizionano anche tutto il processo di educazione nella famiglia, proprio per la ragione che ognuno "diventa uomo", fra l'altro, mediante il lavoro, e quel diventare uomo esprime appunto lo scopo principale di tutto il processo educativo (...). Nell'insieme si deve ricordare ed affermare che la famiglia costituisce uno dei più importanti termini di riferimento, secondo i quali deve essere formato l'ordine socio-etico del lavoro umano (...). Infatti, la famiglia è, al tempo stesso, una comunità resa possibile dal lavoro e la prima interna scuola di lavoro per ogni uomo» (nn. 9-10).

28. Il riferimento alle famiglie – proprio del *Percorso pastorale* – ci spinge a soffermarci soprattutto sul fatto che *il lavoro umano esige e insieme dà origine ad un'opera educativa.* Lo studio e il lavoro, in realtà, hanno un'incidenza fortissima sulla formazione matura, consapevole e responsabile della persona.

Oggi, in particolare, la situazione di precarietà economica che stiamo vivendo ci impegna tutti – famiglie, comunità cristiane e istituzioni civili – a un rinnovato impegno educativo, che sappia introdurre i giovani alla pratica e ancor più al *"senso" del lavoro.* Gli stili di vita del contesto familiare di origine e la necessità di un'adeguata pedagogia all'impegno e alla fatica, al superamento della pigrizia e all'esercizio della volontà sono indispensabili per un vera crescita umana. L'onestà e il sacrificio, la giusta competizione, il valore del merito, la condivisione delle fatiche e dei risultati non devono contrapporsi tra loro, ma riuscire ad esprimersi in nuove solidarietà.

Non bisogna sostituirsi ai giovani, bisogna aiutarli a crescere nelle loro responsabilità. Carissimi genitori, conosco la generosità e lo spirito veramente encomiabile di sacrificio che avete nei riguardi dei figli quando si tratta di sostenerli economicamente, creando le migliori condizioni in vista della loro scelta di vita. È necessario però che questi stessi beni voi genitori li trasmettiate ai figli con libertà, senza ricatti emotivi, nell'ambito di un reale e cordiale contesto formativo. Sarà così più facile invitare i figli a costruire il loro futuro con vivo senso di responsabilità e incoraggiarli a compiere con vera libertà le loro scelte di vita.

Ora sulle scelte di vita, e in particolare quella di formare una famiglia, si deve rilevare come non raramente i fattori economici influenzano non poco i giovani nella loro decisione. E così spesso le difficoltà economiche li inducono a una scelta di *convivenza*, non tanto come forma alternativa o addirittura contrapposta al matrimonio, quanto per lo più come *modalità intermedia*, con cui cercano di assicurarsi una maggiore stabilità complessiva per decidersi verso una situazione di vita interamente compiuta. È impegno di tutti, delle famiglie di origine per quanto possono ma anche delle istituzioni e delle forze sociali, cercare di creare le condizioni affinché siano rimossi il più possibile gli impedimenti di natura economica alla formazione di nuove famiglie stabili. Una società matura e responsabile non può mortificare il futuro dei giovani, anzi li deve sostenere con tutte le sue forze: attraverso di loro, infatti, essa costruisce anche il proprio futuro!

Un altro aspetto rilevante del nuovo volto del lavoro attuale è dato dai suoi *tempi* e dalle sue *condizioni.* Oggi per molte famiglie si stanno ampliando a dismisura i *tempi di lavoro* a scapito dei *tempi di vita* necessari per stare insieme con i propri cari e per incontrare parenti e amici.

Tutto questo avviene in netta controtendenza rispetto all'immaginario, coltivato fino a qualche anno fa: si pensava sì ad un futuro caratterizzato da un eccesso di tempo libero, grazie al progresso tecnologico che avrebbe permesso una produzione automatizzata e sofisticata senza bisogno di intervento umano continuativo; ma in realtà i ritmi così frenetici e onerosi imposti dal lavoro di oggi, dovuti anche alla lontananza del luogo di lavoro e ai tempi necessari per raggiungerlo, rendono concretamente molto ridotti i momenti della condivisione e del confronto quotidiano anche tra i coniugi.

Senza dimenticare poi che a volte più che la fatica fisica, quello che pesa nel mondo del lavoro è la conflittualità nelle relazioni tra colleghi: una conflittualità dovuta a contrapposizioni, a forme di gelosia, a ricerca di successi in carriera a scapito delle competenze e per una logica di competitività ormai ampiamente diffusa.

Se questo è l'attuale contesto sociale e culturale, dobbiamo dire che *ai credenti è richiesta* con maggiore urgenza *una testimonianza evangelica autentica*, un impegno di giustizia e di solidarietà più grandi di qualsiasi ripiegamento verso la ricerca del puro tornaconto individuale. Così come è compito di tutti, ciascuno secondo le proprie responsabilità, promuovere una maggiore sensibilità etica circa le condizioni di vita e di operatività negli ambienti di lavoro. Si pensi anche solo al fenomeno, recentemente messo in luce dai media ma di vecchia data, degli *incidenti sul lavoro* e, più in generale, alla messa a repentaglio della propria salute a causa di condizioni di lavoro insicure.

Una parola specifica devo riservare al *lavoro della donna*. In diverse occasioni sono colpito dai tanti sacrifici cui molte donne si sottopongono a motivo del loro lavoro. Con le conseguenze che tutti conosciamo: le responsabilità professionali, l'indispensabile dedizione alla casa, la cura amorevole e necessaria per l'educazione dei figli non poche volte diventano un ostacolo, quando non un freno, nella coltivazione della loro vita individuale, sia nella sfera più affettiva come in quella più propriamente culturale e spirituale.

Se per certi aspetti il lavoro di una donna può essere considerato oggi indispensabile, sia per lo sviluppo della propria personalità che per affrontare il costo della vita, occorre riconoscere che sulla donna gravano spesso l'onere di un doppio lavoro, domestico e professionale. Si rivela allora di grande importanza affettiva e pratica il sostegno del marito nei compiti educativi e nella collaborazione domestica. E aggiungiamo che sempre più frequentemente è davvero prezioso e ammirevole l'aiuto disinteressato dei nonni.

Non va dimenticato, poi, che spesso i problemi delle famiglie si aggravano non solo perché non si dispone di risorse economiche sufficienti, ma anche perché non si dispone di *servizi sociali necessari*, quali ad esempio *l'asilo nido*, *l'accoglienza dei figli* per raccordare i tempi della scuola a quelli del lavoro, *l'attenzione agli anziani* soli o in difficoltà, l'impegno di lavoro per i *disabili*...

Di fronte a questi problemi che intaccano il corretto rapporto tra famiglia e lavoro si deve riconoscere e sollecitare, secondo la dottrina sociale della Chiesa, il giusto ruolo delle *istituzioni*: è quello di *servire la famiglia*, non viceversa.

In questa prospettiva emerge la necessità che siano più concretamente incoraggiate le forme di *lavoro compatibile* con le esigenze familiari, l'*impresa familiare*, l'*associazionismo* e la *solidarietà* tra famiglie, l'apporto e la rappresentanza *sindacale*. L'enciclica *Centesimus annus*, dieci anni dopo la *Laborem exercens*, considerava «urgente promuovere non solo politiche per la famiglia, ma anche *politiche sociali, che abbiano come principale obiettivo la famiglia stessa*, aiutandola, mediante l'assegnazione di adeguate risorse e di efficienti strumenti di sostegno, sia nell'educazione dei figli sia nella cura degli anziani, evitando il loro allontanamento dal nucleo familiare e rinsaldando i rapporti tra le generazioni» (n. 49).

La festa per *la gioia* di ogni famiglia

29. La vita dell'uomo, come quella della famiglia, è scandita da un duplice registro temporale: l'alternarsi del tempo feriale e del tempo festivo, del tempo del lavoro e di quello del riposo. Ben più che di semplice alternanza in senso cronologico, si tratta di due momenti caratteristici che dicono, nel loro insieme, che *il tempo del lavoro è finalizzato a quello del riposo e della festa*, come il tempo della coltivazione a quello del raccolto. Già abbiamo richiamato che gli attuali ritmi lavorativi spesso riducono drasticamente il tempo da vivere insieme in famiglia, sia come *riposo*, sia come *festa*.

Oggi per le famiglie il "fine settimana" è atteso spesso come un vero sollievo, un po' di respiro, una piccola liberazione. In realtà *il tempo del riposo* settimanale non indica semplicemente la necessità di rinnovare le energie per il lavoro della settimana successiva. È necessario che sia molto di più: è un tempo prezioso per confermare e approfondire la comunione reciproca tra tutti i membri della famiglia, in particolare per cercare di stabilire una relazione più qualificata con i figli. È anche un tempo per promuovere nuovi e significativi rapporti sociali all'interno della comunità del proprio quartiere o anche della propria parrocchia, sviluppando relazioni amicali e costruttive. Riposare significa riscoprire le motivazioni e ricostruire le energie per dare significato in modo più completo all'intero arco della giornata e dell'esistenza.

Le persone desiderano il divertimento, ma troppo spesso non sono soddisfatte di come lo vivono. Così per la famiglia, *il tempo della festa* non può essere un giorno di dispersione, ma è un tempo di relazioni serene da vivere il più possibile insieme, di rapporto nuovo con la natura, con l'ambiente, con la bellezza dell'arte e con tutto ciò che alimenta lo spirito; è incontro con qualcuno che rassicura, incoraggia, rasserena. Spesso è anche l'occasione per le attività sportive, in particolare dei figli, da vivere sempre, pur con il necessario spirito agonistico, in un clima di festa e di non esasperata e diseducativa competizione.

È veramente auspicabile che le famiglie ritrovino il senso autentico del *riposo* e un nuovo gusto per la *festa*. A partire dal riposo sabbatico (cfr *Esodo* 20,8-11 e *Deuteronomio* 5,15) la Bibbia ha insegnato che la festa introduce un'istanza di comunione *tra padre e figlio*, una nuova solidarietà tra *padrone e servo*, una vera riconciliazione in cui vengono meno le condizioni di sudditanza, un'occasione di accoglienza tra *israelita e forestiero.* L'uomo, se è originariamente chiamato al lavoro, ultimamente è chiamato ad una vita di comunione con Dio e con ogni altro fratello. La festa è nel disegno di Dio una sorgente di riconoscenza, di gioia, di pace. Per le famiglie dei cristiani la festa è il *"Giorno del Signore"*: la *domenica* è il giorno della nuova creazione che trova la sua origine e la sua pienezza nella memoria della Pasqua di Gesù morto e risorto.

Per questo la festa cristiana ha il suo centro, il suo cuore vivo nella *celebrazione dell'Eucaristia*, vissuta con fede e con gioia nella comunità. A decidere della verità e della bellezza della Domenica è dunque l'Eucaristia, assicurata – come indicato nel Percorso pastorale *Mi sarete testimoni*, nn. 42-43) – nella sua alta "qualità" celebrativa come esperienza di partecipazione profonda al mistero dell'incontro con Dio e insieme di comunione fraterna nella quale ciascuno dei presenti si senta non solo accolto ma in qualche modo "desiderato". Un'Eucaristia domenicale che si deve poi aprire a un'autentica esperienza comunitaria: *le "domeniche insieme"*, che da qualche anno sono promosse dalle parrocchie, possono essere un concreto esempio di una festa che diventa conoscenza tra le famiglie, accoglienza reciproca (penso alle famiglie, straniere e non, da poco arrivate nel quartiere o nel paese) e condivisione di esperienze.

Capitolo Quinto

UNA FAMIGLIA PER LA CITTÀ

La famiglia nella città: tra Babele-Babilonia e Gerusalemme

30. In quest'ultimo tratto del *Percorso pastorale* vorrei riflettere con voi sul *rapporto tra la famiglia e la città*, considerata quest'ultima come emblema della *vita sociale.* Ci saranno di guida la parola di Dio, il magistero sociale della Chiesa, la riflessione e l'esperienza umana.

Città, nella Bibbia, è per eccellenza *Babele*, espressione del tentativo collettivo dell'uomo di rendersi simile a Dio. Nella sua assoluta autonomia, l'uomo vuole costruire una città e una torre la cui cima tocchi il cielo, per farsi un nome e non disperdersi sulla terra. È il segno dell'audace pretesa del libero arbitrio dell'uomo che vuole affermarsi da solo, in alternativa a Dio, ma che così facendo provoca soltanto divisione e dispersione (cfr *Genesi* 11,4-9).

Babele-Babilonia è una presenza che percorre tutta la Sacra Scrittura: è la città nemica di Dio, la città che distrugge il popolo di Dio e la sua città, Gerusalemme; è la "grande prostituta" che con i suoi commerci, le sue ricchezze, le sue fascinazioni corrompe i popoli e li allontana da Dio (cfr *Apocalisse* 17-19).

Contrapposta a Babilonia è *Gerusalemme,* la città di Davide, luogo della Pasqua di Gesù e anticipo simbolico della pienezza della vita celeste, la "città sposa" (cfr *Apocalisse* 20-21) che si contrappone alla "città prostituta". Non ha bisogno di un tempio particolare perché in essa dappertutto c'è il Signore e l'Agnello stesso è il suo tempio: «La città non ha bisogno della luce del sole, né della luce della luna perché la gloria di Dio la illumina e la sua lampada è l'Agnello» (*Apocalisse* 21,23). In Gerusalemme si consuma l'amore, si ha la presenza di Dio, si riceve lo Spirito, si impara la carità. Da Gerusalemme si parte per andare in tutto il mondo e si ritorna, perché tutti i popoli in essa hanno la loro meta (cfr *Isaia* 60).

Le nostre città sono contemporaneamente Babele-Babilonia e Gerusalemme. Sono luogo di vita attiva, di scambi culturali e commerciali, intreccio di relazioni fitte e audaci, orgogliose e povere insieme, luogo di contraddizioni dove coesistono miseria e benessere, dove si possono trovare i grandi segni della presenza di Dio accanto ai tristi e vistosi luoghi della sua mancanza. In esse coesistono l'esibizione di ogni spettacolarità e insieme la nascosta sofferenza degli *invisibili* e degli *irrilevanti*; dove si incontrano il più totale impegno e il più squallido disinteresse, dove convivono prossimità e anonimato.

Ora il *Percorso pastorale* ci chiede di interrogarci su come la famiglia è e deve essere "anima della città”: ma in questa città *che cosa possono fare le famiglie?*

Le famiglie non sono un'altra cosa rispetto alla città, perché la abitano e ne costituiscono, al di là di case, strade e uffici, il tessuto reale. E che la città sia più Babele-Babilonia o sia invece Gerusalemme, dipende in buona misura dalle famiglie, dalle persone che la vivono.

Certamente, la città ha anche un aspetto strutturale che trascende le persone e le famiglie e sembra sfuggire alla possibilità di una loro azione. Si dice spesso che le città moderne sono quasi ingovernabili e che le stesse istituzioni in esse sono ormai una realtà debole e hanno ormai rinunciato a un intervento complessivo, a partire dalla programmazione dello stesso tessuto edilizio della città. La cosa sembra meno grave nei centri più piccoli, ma anch'essi sono spesso integrati in un'immensa megalopoli e, comunque, non sfuggono ai modelli “urbani” trasmessi dalla cultura globalizzata.

31. *Che cosa possono fare le famiglie per la città?*

Occorre partire dal fatto che le famiglie, non solo quelle dei cristiani, si presentano nella città come *soggetti aperti a relazioni di reciproco scambio*: mentre danno ricevono, mentre collaborano con la città chiedono di essere considerate come specifiche presenze, nel contempo capaci di rendere la città più umana e più vivibile e di rendere se stesse più aperte e più vivaci.

Proprio prendendo avvio da questa capacità di relazioni – e in fondo la famiglia non è se non un intreccio di relazioni – le famiglie *possono fare molto per essere "anima della città"*.

Indico *alcune piste di riflessione*, che potranno poi essere integrate e approfondite in un confronto tra le famiglie (penso, ad esempio, ai gruppi familiari e ai genitori dei ragazzi di varia età presenti in oratorio), aperto e attento alla società attuale.

Nonostante le fatiche e le contraddizioni di oggi, *la famiglia* si presenta ancora, nonostante tutto, come *soggetto educativo di primaria importanza*. In essa si impara ad accogliere e a far crescere la vita; in essa ci si forma ai valori fondamentali del vivere sociale: la socialità, l'accoglienza, l'ospitalità, l'apertura all'altro, la comunicazione, il dialogo, il confronto, la gratuità, il servizio, il disinteresse, la condivisione, la compartecipazione, la solidarietà, l'educazione della coscienza morale, l'apertura agli ideali più alti (cfr *Familiaris consortio*, nn. 43-44).

In questa prospettiva, la famiglia è realmente *la prima e fondamentale scuola di socialità*. Stabilendo relazioni educative mature permette ai figli di crescere in un clima di serena ma realistica apertura al mondo, ai suoi interrogativi, anche a quelli senza facili soluzioni.

Non tutte le famiglie sono in grado di svolgere questo compito: le famiglie disgregate, quelle che vivono pesanti difficoltà di rapporti al loro interno, quelle poste in qualche modo ai margini della società, ecc. fanno fatica ad educare a una relazionalità positiva che loro stesse non vivono. Questa lacuna può essere in parte colmata dalle iniziative di diverse "agenzie educative" presenti nella città (scuola, parrocchie, istituzioni culturali, ricreative, sportive, ecc.) che sono chiamate a intervenire nel cammino formativo delle nuove generazioni.

Le famiglie, però, fanno fatica nel loro compito anche nelle situazioni più "normali" e si trovano perciò in grave difficoltà nei casi più faticosi e complessi. In queste circostanze può talvolta rivelarsi decisivo *l'intervento di altre famiglie*, che si impegnano, per così dire, ad *allargare le loro relazioni* comprendendo famiglie e persone che vivono situazioni di disagio. Anche questo è un modo per essere "scuola di socialità", non solo verso i propri figli, ma anche verso i figli degli altri e verso le loro famiglie.

In questo modo le famiglie possono vivere quella che potremmo chiamare una *genitorialità solidale*. Lo rilevavo nel Messaggio rivolto in occasione della *Giornata Diocesana della Caritas* l'11 novembre 2007: «C'è una "fantasia della carità" che deve essere liberata e che può esprimersi, in collaborazione con le altre componenti della pastorale familiare, nell'individuare *"famiglie tutor"* pronte a sostenere con una prossimità discreta e determinata quei nuclei familiari che stanno attraversando periodi di sbandamento e di disperazione».

È in questa prospettiva che, grazie anche al lavoro congiunto espresso dalla Caritas e dal Servizio diocesano per la Famiglia che intende valorizzare e rilanciare le molte esperienze positive presenti sul territorio, dovrebbe diffondersi nella comunità diocesana una più ampia riflessione – in ordine evidentemente a progetti da realizzare – a proposito di esperienze come *l'affido* e *l'adozione*. Se da un lato l'affido e l'adozione rappresentano uno straordinario gesto di *genitorialità solidale*, dall'altro lato bisognerebbe impegnarsi maggiormente a promuovere *gruppi di mutuo aiuto tra famiglie* accomunate da un medesimo motivo di fragilità. In tal modo, anche le famiglie con qualche difficoltà non sarebbero più solo "oggetto" di attenzione da parte delle istituzioni e di famiglie più fortunate, ma diventerebbero "protagoniste" di un loro percorso di riscatto sociale. Tutto ciò può diventare, nella città, un segnale culturale importante: *la famiglia*, anche quella segnata da qualche ferita, può costituire a sua volta *una risorsa, un sostegno a favore di altre famiglie.*

Spesso l'azione delle famiglie diviene più forte e incisiva quando riesce a dotarsi di uno strumento appropriato come l'*associazione familiare*, rivolto a promuovere qualche tema o di particolare interesse delle famiglie o attento al più generale rapporto con la società.

Nei decenni scorsi per sostenere la propria ricerca di *spiritualità*, le famiglie hanno dato vita ai *gruppi familiari parrocchiali*, che recentemente in tutta la Diocesi si sono rivelati ancora presenti, numerosi e vitali.

Ma *non dovrebbe avvenire qualcosa di analogo anche per il rapporto tra la famiglia e la società?* Al riguardo, dopo aver rilevato con preoccupazione «la scarsa consapevolezza che le stesse famiglie – comprese molte famiglie cristiane, anche tra quelle spiritualmente e pastoralmente sensibili e impegnate – hanno della loro centralità e soggettività sociale e del loro dovere di partecipazione alla vita della società», sottolineavo come fosse «quanto mai urgente cercare di *colmare questa* inaccettabile *distanza tra le affermazioni teoriche e la prassi effettiva*». E concludevo: «È questa un'urgenza dalla quale si devono sentire maggiormente interpellate le nostre realtà ecclesiali e la nostra *azione pastorale*. Nessuna realtà parrocchiale, nessuna associazione ecclesiale, nessun movimento ecclesiale o di apostolato o di spiritualità familiare, nessun gruppo familiare può esimersi dall'impegnarsi in questa direzione» (Messaggio al Seminario promosso dal Comitato Lombardo delle Associazioni Familiari, 1 febbraio 2003).

A questo proposito, particolare attenzione meritano *le nuove "associazioni di solidarietà familiare"* di matrice parrocchiale, nate negli ultimi anni – spesso accanto e distinte appunto dai gruppi di spiritualità familiare – con lo specifico obiettivo di formare e consolidare ampie reti di solidarietà presenti in ambito parrocchiale o sul territorio. Da questi contesti di semplice e reciproco aiuto familiare possono sorgere iniziative più specifiche: progetti di *mutuo aiuto* nella vita domestica, *banche del tempo*, servizi di *baby-sitting*, micronidi, centri per la prima infanzia, attività ludico-educative per i più piccoli (0-6 anni) con il coinvolgimento dei genitori, iniziative di sostegno allo studio o di aiuto nei compiti (doposcuola). Ricordo che queste associazioni hanno ottenuto il riconoscimento da parte del legislatore, tanto regionale (cfr la *Legge Regionale* n. 23/1999) quanto nazionale (*Legge* 8 novembre 2000 n. 328).

La famiglia e le istituzioni

32. La dottrina sociale della Chiesa ha costantemente messo in luce, subito dopo l'affermazione del primato della *persona* nei riguardi della *società*, il primato della *famiglia* nella vita sociale. Ecco come si esprime il *Compendio* della dottrina sociale della Chiesa: «*Va affermata la priorità della famiglia rispetto alla società e allo Stato*. La famiglia, infatti, almeno nella sua funzione procreativa, è la condizione stessa della loro esistenza. Nelle altre funzioni a vantaggio di ciascuno dei suoi membri essa precede, per importanza e valore, le funzioni che la società e lo Stato devono svolgere. La famiglia, soggetto titolare di diritti inviolabili, trova la sua legittimazione nella natura umana e non nel riconoscimento dello Stato. *Essa non è, quindi, per la società e per lo Stato, bensì la società e lo Stato sono per la famiglia*» (n. 214).

La famiglia e le istituzioni sociali invocano, di conseguenza, un *reciproco riconoscimento* e devono aprirsi a una intensa *collaborazione*. In modo particolare la società aiuta la famiglia a realizzare se stessa in tutte le sue dimensioni, in attuazione del *principio di sussidiarietà*. Infatti, leggiamo ancora nel *Compendio*: «Ogni modello sociale che intenda servire il bene dell'uomo non può prescindere dalla centralità e dalla responsabilità sociale della famiglia. La società e lo Stato, nelle loro relazioni con la famiglia, hanno invece l'obbligo di attenersi al principio di *sussidiarietà*. In forza di tale principio, le autorità pubbliche non devono sottrarre alla famiglia quei compiti che essa può svolgere bene da sola o liberamente associata con altre famiglie; d'altra parte, le stesse autorità hanno *il dovere di sostenere la famiglia* assicurandole tutti gli aiuti di cui essa ha bisogno per assumere in modo adeguato tutte le sue responsabilità» (n. 214).

È necessario che in molte materie e ambiti ci sia *una vera solidarietà tra la famiglia e la società civile:* la famiglia contribuisce alla costruzione di una società più giusta e più umana e, a sua volta, la società aiuta la famiglia a promuovere la sua più profonda identità. Vengono così a crearsi relazioni tra le persone e le istituzioni che favoriscono la buona convivenza, salvaguardano le giuste differenze necessarie in una società pluralista, promuovono la ricchezza delle diversità nella costruzione del bene comune. Solidarietà e prossimità avvicinano le persone, creano aiuto reciproco, trasformano la vicinanza in autentiche relazioni, in incontri, ascolto, attenzione ai bisogni, partecipazione profonda alla vicenda dell'altro. Cresce così una vera solidarietà umana e viene promosso un corretto senso civico.

Complementarietà e reciprocità tra la famiglia e la società non si risolvono delimitandone i rispettivi campi di competenza, quasi si trattasse di realtà alternative o addirittura contrapposte. Bisogna invece valorizzare adeguatamente entrambi i soggetti, nella consapevolezza che l'uno ha bisogno dell'altro per raggiungere le proprie finalità: non può sussistere la famiglia priva di un quadro normativo, che ne riconosca giuridicamente fondamenti e funzioni; come, del resto, la società civile con le sue leggi, non riconoscendo la tipicità della famiglia, perderebbe il suo luogo sorgivo e fallirebbe il suo obiettivo di servizio al bene delle persone.

Se da un lato invitiamo le *famiglie* a sentirsi protagoniste della vita sociale impegnandosi ad animarla, rifuggendo una modalità di esistenza chiusa nel privato, dall'altro lato dobbiamo però rilevare che, nell'attuale contesto storico, al considerevole e molteplice apporto della famiglia alla vita sociale non corrisponde un suo adeguato riconoscimento da parte delle *istituzioni*.

In realtà, i diritti della famiglia hanno una loro voce che non può essere né affievolita né spenta dalle istituzioni, senza che queste stesse ne patiscano danno (cfr Santa Sede, *Carta dei diritti della famiglia*, 23 ottobre 1983). È facendo nostra la "voce" della famiglia e dei suoi diritti che sollecitiamo un ulteriore incremento delle *politiche sociali, che diano più attenzione alla famiglia*, così che essa possa trovare risposta alle sue giuste esigenze, tanto sul piano economico quanto su quello del riconoscimento dei diritti fondamentali, che riguardano la casa, il lavoro, l'educazione, la tutela della vita e della salute. È infatti segno di scarsa responsabilità pretendere dalla famiglia un'assunzione di responsabilità e di impegni, senza promuovere congiuntamente un'azione sulle istituzioni e sugli altri organi sociali e culturali perché sostengano la famiglia e ne favoriscano i compiti che le sono propri.

In ogni caso è importante che *la famiglia non rinunci a esprimere la propria soggettività in ambito sociale* anche come *presenza critico-costruttiva* nei confronti di ogni altra istituzione sociale: non soltanto perché la famiglia sia messa in grado di assolvere i propri compiti irrinunciabili, ma anche perché le istituzioni sociali acquisiscano in modo programmatico le esigenze della vita familiare. Basti pensare al problema degli orari e dei ritmi di lavoro e alla necessità che siano il più possibile coerenti con le esigenze del vissuto familiare. Anche così la famiglia diventa "scuola di socialità": non tanto al suo interno, quanto in senso più ampio, verso le stesse istituzioni. E, in tutto questo, l'istituto della famiglia avanza verso il proprio riconoscimento in quanto "soggetto sociale", protagonista dello sviluppo di una cultura e di una vita sociale davvero al servizio della persona e del bene comune.

La famiglia e il rapporto con il territorio

33. Abitare e amare il luogo in cui si vive non è qualcosa di immediato. Si tratta di un'esperienza che si costruisce nel tempo, conoscendo e frequentando la piazza e la via, il supermercato e la strada, i negozi e i luoghi pubblici. A poco a poco, diventa intima anche la propria casa e ospitale quella del vicino, si supera qualche conflitto, i figli fanno amicizia tra loro e i bambini si cercano per giocare insieme. Così l'amore di Dio mette sempre la sua tenda in mezzo a noi e salva la città.

La famiglia ha un compito grandissimo nell'*addomesticare* il territorio e nel dare un nome ai luoghi della città. Mentre la tendenza anonima e nomade di molte condizioni di vita contemporanea rendono le persone abitatori indifferenti di *non luoghi*, come oggi si dice, la famiglia ha la straordinaria vocazione di mostrare che è ancora possibile abitare in un quartiere senza essere sconosciuti gli uni agli altri. La famiglia è ancora in un territorio la forma di socialità più forte.

La prima forma per abitare un luogo anonimo e per renderlo domestico è quella del *saluto*. Sì, *bisogna ritornare a salutarsi*, quando ci si incontra per la strada e si sa di abitare non lontani l'uno dall'altro; quando ci si ritrova in ascensore e si desidera sapere qualcosa di più circa la vita di chi abita al piano superiore; quando i bambini creano occasioni favorevoli di incontro anche tra gli adulti, perchè sono più semplici, più spontanei e meno difesi degli adulti.

Un altro linguaggio che aiuta a *umanizzare* il territorio è quello del *rispetto* e della *gentilezza*: si umanizza la città quando si è disposti a fare un piacere gratuito a chi ha bisogno, quando si dà volentieri la precedenza mentre si aspetta in un ufficio o ci si incontra su una scala, quando si lascia il posto a una persona anziana sull'autobus, quando si coltivano nel cuore sentimenti di fiducia più che di diffidenza; quando si preferisce un gesto di perdono più che la rivincita di un dispetto. Anche così si rende più vivibile un territorio.

Si è diffusa in questi anni *una cultura della casa e della proprietà che è caratterizzata dal concetto di recinzione più che non di relazione e di incontro*. Pur comprendendone spesso le ragioni, tuttavia questo modo di vivere ci deve far pensare. Una cultura della difesa emerge in maniera sempre più forte: significa che circolano la paura e il sospetto, e si diffonde la chiusura in luoghi ritenuti sicuri. Lo spazio della propria casa, nato per custodire e proteggere l'intimità familiare, rischia di diventare troppo spesso una sorta di barriera che impedisce e allontana ogni incontro. *Le porte di casa* invece *sono fatte non soltanto per escludere ma anche per accogliere*. D'altra parte sorgono anche iniziative comunitarie di non poche famiglie giovani, che sul territorio cercano di creare nuovi legami e di organizzarsi in gruppi e in associazioni autonome, per vivere insieme la fede oppure per condividere tra credenti e non credenti obiettivi educativi, assistenziali o di volontariato sociale.

La famiglia contribuisce a prendersi cura del territorio quando collabora alla *custodia dell'ambiente*, ama la strada come la sua casa, rispetta le norme della viabilità e il ciclo della vita tra il giorno e la notte; la famiglia si prende cura della città se educa i propri figli a un adeguato e cordiale senso civico, quando custodisce i beni pubblici come i beni della propria casa.

Le famiglie e le comunità locali, le compagnie dei giovani, gli anziani nei loro quotidiani ritrovi del tempo libero possono offrire un contributo grandissimo alla custodia dell'ambiente. *Custodire* un quartiere da parte della gente è *una maniera di vivere*, di conoscersi, di stare bene insieme. Le famiglie e le comunità cristiane devono utilmente collaborare con le scuole, gli oratori, i comitati di quartiere, le associazioni di volontariato per *dare un'anima alle nostre città e soprattutto alle nostre periferie*, perché si diffonda uno stile di vita che sia davvero una traccia dell'amore di Dio nel mondo. Per questo riconosciamo anche il valore e la necessità che le istituzioni pubbliche sappiano garantire e promuovere questo processo virtuoso, attraverso una presenza discreta e vigilante che aiuti tutti i cittadini a sentirsi sicuri non solo nella propria casa, ma anche nelle strade e nelle piazze del proprio territorio.

È molto importante che in famiglia, tra genitori e figli, fratelli e sorelle ci sia un parlare positivo e fiducioso a favore di questa promozione domestica della città, favorendo un modo di pensare e uno stile di vita personale e familiare che dimostrino un concreto rispetto alla città, da custodire con ordine e con attenzione, senza rovine e senza forzati deterioramenti. Possiamo dire che la famiglia, la scuola, le agenzie del tempo libero e le istituzioni pubbliche hanno, per così dire, *il comune compito di rendere più domestica e più abitabile la città*. Per favorire un'adeguata formazione della coscienza cristiana sulla *cura dell'ambiente e dell'altro che lo abita*, la *Conferenza episcopale italiana* invita a celebrare ogni anno, il primo settembre, la *Giornata per la salvaguardia del creato.*

Infine, abbiamo la viva consapevolezza che *il territorio non è finalizzato all'utilizzo esclusivo di alcuni soltanto; la terra è di Dio ed è luogo dove le popolazioni si incontrano*, imparano a vivere e a collaborare insieme per scopi comuni. Per tutti la convivenza civile e la collaborazione sociale richiedono una disponibilità non soltanto all'accoglienza e al dialogo, ma anche al percorso di un cammino che conduce al rispetto della tradizione e dell'identità altrui. È un rispetto che, a sua volta, non potrà fare a meno di una normativa precisa, che è compito delle istituzioni stabilire e far osservare.

Ma tra l'invocare il rispetto di norme giuste, condivise e finalizzate al bene comune, tra il chiedere alle istituzioni garanzie per la propria sicurezza e per quella dei propri cari e l'intolleranza o l'esclusione di persone soltanto perché appartenenti a una determinata etnia o gruppo sociale, vi è una netta e sostanziale differenza. Quando in un territorio la convivenza suscita problemi nuovi, occorrerà affrontarli in modo adeguato e ricercare soluzioni che sappiano rispondere ai diversi bisogni sempre nel rispetto della dignità della persona. Ma occorrerà trovarle assieme, per il miglior bene possibile di tutti gli abitanti di un determinato territorio, lontano dagli stili e dai linguaggi aggressivi ed emotivi che invocano soluzioni drastiche e semplificatrici. Alla fine queste soluzioni si rivelano poco efficaci sul piano pratico, dal momento che ogni problema lasciato irrisolto o mal risolto si ripresenta ben presto, magari in forma decisamente peggiorata.

Le "nuove" famiglie nella città

34. Quando una nuova famiglia viene ad abitare le nostre città e si presenta alla comunità cristiana ci deve nascere nel cuore un sentimento di lode e di riconoscenza, perché vediamo in queste nuove presenze la possibilità e la grazia di vivere come fratelli. Come Abramo accolse i tre visitatori a Mamre; come i profeti accolsero i deboli e il *resto* di Israele; come Ruth, la moabita, visse accanto a Noemi con riconoscenza e amore; soprattutto come Cristo accolse gli uomini e le donne povere e fragili del suo tempo; come Dio accoglie sempre i suoi figli in ogni istante: *l'accoglienza e l'ospitalità diventino davvero nella comunità e nelle famiglie un obiettivo principale e una premura sincera.* Spesso questo atteggiamento del cuore esige di diventare subito molto operativo, assumendo i tratti di una carità concreta e quotidiana di cui i nuovi arrivati hanno urgente bisogno.

In modo particolare la famiglia può essere vera protagonista nel suo ambiente di vita nei confronti di *giovani coppie* che per diversi motivi vengono ad abitare in una nuova città e cercano non raramente una nuova appartenenza alla comunità cristiana. Ci sono molti giovani sposi che, iniziando la loro vita coniugale con un cambiamento di residenza, vorrebbero rinnovare la loro esperienza di fede e ritrovare nella nuova comunità cristiana persone discrete, intelligenti e buone con cui stabilire nuove amicizie. Vorrebbero vivere insieme momenti di preghiera, tempi di vita e di esperienza comuni. Spesso cercano un confronto stabile per un discernimento evangelico sul vissuto quotidiano e sulle grandi questioni del mondo.

L'esperienza dice che l'accoglienza donata diventa una ricchezza per chi accoglie. Sono certo che molte nostre comunità – penso in particolare a certe zone, anche lontane dalle città, dove in questi anni si è assistito e si assiste a un forte incremento di popolazione – avrebbero solo da guadagnare a essere più aperte ed accoglienti verso chi viene ad abitare "da fuori". Famiglie e persone che, una volta che si sentono accolte, possono diventare a loro volta accoglienti e protagoniste della nuova comunità in cui si sono inserite.

Questo discorso vale, in modo particolare, nei confronti delle *famiglie straniere immigrate* che vengono, spinte da bisogni o da ragioni le più diverse, ad abitare nel nostro Paese e nelle nostre città. Queste famiglie immigrate, già con la loro stessa presenza, sono *domanda esplicita di una cittadinanza nuova*, forse diversa, ma che deve stimolarci a un dialogo continuo e ad un esame di coscienza per cambiare e arricchire la nostra società. Si incontrano certamente anche situazioni di grande fragilità, che ci chiedono una conversione del cuore e un impegno più generoso a cui non siamo abituati. Non ignoriamo difficoltà legate all'impossibilità del ricongiungimento del coniuge e dei figli, al problema della legalità e della sicurezza della società, a questioni scottanti come la casa, il lavoro, la previdenza sociale e altro ancora. Se tali problemi sono difficili da affrontare da parte degli italiani, diventano a volte montagne insormontabili per tante famiglie straniere anche perfettamente regolari.

Non è spontaneo per nessuno in queste occasioni rifarsi e ispirarsi allo spirito più radicale del Vangelo e c'è per tutti il rischio di chiudersi in una eccessiva preoccupazione per noi stessi, che ci fa scoprire sovente la nostra più grande miseria morale. È importante acquisire innanzitutto una reale conoscenza della situazione e delle persone, nelle loro qualità positive, nei loro limiti e nelle loro differenze. Solo così riscopriremo gli aspetti positivi della loro nuova presenza, le risorse culturali e religiose di cui sono portatori, la loro capacità di essere protagonisti in diversi ambiti, non appena offriamo loro l'opportunità di farlo.

La comunione e la testimonianza della fede che intere famiglie, di diversa provenienza e di storia differente, sanno dare in una stessa città sono un segno grandissimo della verità di Dio, anche di fronte ai non credenti e agli indifferenti. Questa testimonianza è la conferma di uno stile di comportamento che cerca obiettivi comuni negli incontri usuali della vita quotidiana, dove si discute della casa e dei figli, della sicurezza e dei trasporti, della viabilità e della scuola, del lavoro e di tutte quelle necessità reali, che fanno di un quartiere un luogo non estraneo ma ospitale, non anonimo ma conosciuto.

Del resto è solo nell'impegno semplice e quotidiano delle famiglie che la città può diventare sempre meno Babele-Babilonia e sempre più anticipo della Gerusalemme che ci attende.

Conclusione

MARIA, MODELLO E GRAZIA PER OGNI FAMIGLIA

35. Portando a conclusione i passi che ho tracciato per questa terza tappa del *Percorso pastorale*, sento il bisogno di *incoraggiare tutti* – in particolare le famiglie – *a riprendere il cammino della propria vita cristiana* con una grande fiducia nel Signore e nel suo Spirito. È infatti una *grazia*, prima ancora che una *responsabilità*, quella che ci viene donata: essere *testimoni di Gesù*, *il Crocifisso risorto*, in tutti gli ambienti del nostro vissuto quotidiano, infondendovi un'anima nuova, cioè la carità stessa di Dio per il mondo. Così sperimentiamo, dovunque e senza soste, che davvero *l'amore di Dio è in mezzo a noi.*

Non dobbiamo temere per la pochezza delle nostre forze! Il Signore è assolutamente fedele nell'offrirci i *punti di forza del nostro cammino spirituale e pastorale*: il fuoco ardente dell'amore missionario viene acceso e alimentato nel nostro cuore dalla celebrazione dell'*Eucaristia*, dall'ascolto attento della *parola* di Dio, dal dialogo con il Signore nella *preghiera*, dalla comunione e amicizia personale – mediante la *fede* – con Gesù morto e risorto, dall'energia trasformante che questa stessa fede infonde nella nostra vita rendendola *vita nuova*, vita di carità, ossia di amore-come-quello-di-Cristo.

Famiglia, diventa anima del mondo! È *l'imperativo* che sboccia forte e soave da tutti questi *doni* del Signore: non ultimo il dono del sacramento del matrimonio che costituisce *l'essere stesso degli sposi cristiani* come "anima" del mondo. È dunque possibile, anzi è bella ed esaltante la missione che alla famiglia viene affidata. Sì, perché bellissima e straordinaria è la vocazione che Dio rivolge a ogni famiglia!

In questo spirito trovano senso e importanza *alcuni adempimenti,* che voglio proporre alle comunità della nostra Chiesa ambrosiana come *segni di un cammino pastorale che* – mentre sollecita percorsi, iniziative e gesti da attuare, secondo libertà e responsabilità, attraverso le tappe più opportune in rapporto alle più diverse situazioni locali – *deve vivere e mostrare la comunione propria di una Chiesa locale* e, quindi, la sua specifica credibilità ed efficacia.

1. Chiedo anzitutto che *la Festa della Famiglia e le Giornate per la Vita, della Solidarietà e del Malato* ritrovino sempre più, a partire da questo *Percorso* e dal comune cammino di "pastorale d'insieme", un *volto unitario*, così che ciascuna Giornata faccia trasparire un aspetto della *celebrazione dell'unico mistero dell'amore* suscitato e comunicato dal dono di Dio: quel dono che fa sì che gli sposi si uniscano per sem-

pre nel suo Nome, diventino coppia feconda, siano solidali e possano sperimentare la solidarietà dei fratelli e della comunità civile, manifestando inoltre cura particolare per chi vive il tempo della malattia e della fragilità. I competenti uffici e servizi di Curia avranno cura di offrire gli opportuni sussidi da adattare alle realtà locali.

2. Ritengo inoltre importante che *in ogni comunità parrocchiale o pastorale*, entro la fine del presente anno pastorale 2008-2009, *si dia vita a un significativo momento di verifica e di rilancio della pastorale familiare*, a partire dalle acquisizioni raggiunte attraverso il cammino sinora svolto. Limitarsi infatti ad apprezzare, sia pure giustamente, alcuni risultati ottenuti, senza però una precisa cura perché questi stessi risultati rimangano saldamente iscritti nel vissuto pastorale delle nostre comunità, non ci espone al rischio di perdere le posizioni raggiunte, magari dopo averle faticosamente conquistate?

In concreto penso, per ognuna delle nostre comunità, ad un *momento di confronto e di ascolto*, adeguatamente preparato per tempo, in ordine a "fare il punto" sull'andamento della pastorale familiare.

Il momento di confronto e di ascolto – la cui sede più giusta è *il consiglio pastorale* parrocchiale e decanale, opportunamente allargato ai responsabili e agli operatori della pastorale familiare, forse anche a chi ne fosse interessato – dovrebbe porsi in particolare i *seguenti interrogativi*.

– Come abbiamo lavorato a partire da questo *Percorso*? Al di là di qualche evento straordinario, il *Percorso* ha saputo *rilanciare l'alleanza tra la Chiesa e la famiglia* – grazie alla realtà della famiglia come "chiesa domestica" e della comunità cristiana come "famiglia di famiglie" – così da influire sulla *pastorale ordinaria e capillare* nel suo complesso, attraverso la predicazione, la catechesi, la comunione sacerdoti-persone consacrate-fedeli laici, la partecipazione corresponsabile della famiglia? Che cosa è cambiato, concretamente, nella nostra comunità, nel corso di questo triennio pastorale? *È sorta qualche nuova forma di attenzione della comunità verso le famiglie*, i loro luoghi e tempi e ritmi di vita? Ma anche qualche proposta di impegno e di responsabilità *da parte delle famiglie* stesse?

– Si avverte una *reale e concreta vivacità* nell'attenzione pastorale in relazione ai percorsi battesimali, agli itinerari verso il matrimonio, ai gruppi familiari, alle forme di associazionismo familiare, agli ambiti liturgici, ai percorsi culturali ed educativi, all'assunzione di responsabilità nei riguardi della società civile?

– In quale modo nella nostra comunità è cresciuta l'attenzione umana ed evangelica alle *convivenze* e alle *famiglie in situazione matrimoniale difficile o in stato di bisogno economico o sociale?* In particolare, quali gesti di accoglienza, nel segno della legalità e della solidarietà, la nostra comunità ha vissuto nei riguardi delle *famiglie migranti* stabilitesi da noi?

– Ci sentiamo *responsabili del futuro* delle nostre comunità cristiane, in particolare circa le linee evolutive delle realtà familiari? Quale cammino ancora ci attende?

3. La risposta ragionata a questi e ad altri interrogativi dovrebbe portare alla *elaborazione* o alla ripresa e nuova scrittura del capitolo/sezione del *tema famiglia*, non come semplice "stralcio" ma *all'interno dell'unico e più ampio "progetto di pastorale parrocchiale o di comunità pastorale"*: un progetto da promuovere con sapiente e coraggiosa gradualità nei prossimi anni, in modo che diventi uno "strumento" preciso e concordato, capace di orientare e sostenere l'agire pastorale nelle situazioni concrete delle nostre comunità.

Sarebbe quanto mai utile – anche come forma di "comunione-collaborazione-corresponsabilità" ecclesiale – che simili *progetti rinnovati* fossero fatti conoscere in sede decanale e al *Servizio diocesano per la famiglia*: potrebbero diventare una testimonianza ecclesiale dell'azione profonda e "fantasiosa" dello Spirito santo nella nostra Chiesa a favore delle famiglie e quindi una ricchezza di grazia da condividere in un orizzonte allargato di fraternità ecclesiale.

In questo spirito chiedo che siano valorizzate nel miglior modo possibile tutte le occasioni che possono *favorire un lavoro di insieme*, soprattutto nell'ambito della comunità parrocchiale, pastorale o decanale. Sarebbe davvero prezioso, nel segno di una reciprocità arricchente, se gli operatori della *pastorale familiare* potessero lavorare in piena sintonia con gli impegnati nell'ambito della formazione e dell'impegno sociale, del lavoro, caritativo, verso i migranti...

36. Desidero concludere non soltanto quest'ultima tappa del *Percorso pastorale* ma l'intero triennio che ci ha guidati nella riscoperta del dono di grazia che è in ciascuna delle nostre famiglie, ispirandomi ancora una volta al *Magnificat.*

È il cantico che Maria rivolge al Signore nel contesto del suo servire la vita del Figlio di Dio che porta in grembo e insieme, in un clima di intensa e commovente reciprocità, del suo servire la vita nella famiglia di Zaccaria, di Elisabetta e del nascituro Giovanni. Luca registra questo cantico a conclusione dell'incontro di Maria con Elisabetta (cfr *Luca* 1,39-56).

Dal cuore e dalle labbra della Vergine Madre esce un inno di lode a Dio, che sprigiona una forte invocazione di quella *nuova giustizia* di cui la famiglia credente è singolare portatrice. E questo è meraviglioso, sorprendente, dirompente, perché è proprio nel vissuto quotidiano delle famiglie che prende forma e si fa storia quella "rivoluzione" nascosta e umile, ma irresistibile, che ha la potenza di cambiare la vita sociale a partire da quel suo "frammento" più originario che è la famiglia.

È nelle nostre case, infatti, che il Signore può essere sempre di nuovo lodato per la sua grandezza:

riconosciuto come Sorgente della vita e Autore di ogni dono perfetto (“*l’anima mia magnifica il Signore*”); come l’Onnipotente che in ogni famiglia ha compiuto e compie “*grandi cose*” attraverso il dono dell’amore, della fedeltà, della fecondità, della comunione familiare; come Colui che accompagna con la sua presenza provvidente “*di generazione in generazione*” la crescita e lo sviluppo di ogni esistenza; come Colui che “*con la potenza del suo braccio*” sfida i *poteri forti*, tra cui quelli che calpestano la dignità sacra della famiglia.

È nella famiglia che inizia a realizzarsi quel vissuto di relazioni nuove in cui il superbo è zittito, ridimensionato nelle sue pretese, e il piccolo invece è messo al primo posto (“*ha disperso i superbi*”, “*ha innalzato gli umili*”); in cui si apprende che il molto che si riceve non è finalizzato al trattenere per sé, ma al donare e al condividere, contro ogni logica egoistica e accentratrice (“*ha ricolmato di beni gli affamati, ha rimandato i ricchi a mani vuote*”); in cui si impara, sopra ogni cosa, a confidare nelle promesse di Dio e nella sua fedeltà estesa a tutta la storia e a tutti gli aspetti della vita umana, anche a quelli sociali e relazionali, da Abramo all’intera “*sua discendenza, per sempre*”.

Carissimi, il *Magnificat* è più di una *preghiera*, che desidero raccomandare alla recitazione frequente in famiglia e negli incontri familiari in occasione di momenti di spiritualità o di condivisione delle proprie esperienze.

È un vero e proprio *progetto di vita personale*,

comunitario e *sociale*! A tutti lo affido perché, attraverso le parole e i sentimenti di Maria, ogni famiglia riscopra la grazia e la gioia di essere piccola ma autentica *comunità di fede* e, proprio per questo, altissima *scuola di virtù sociali*. E, dunque, *"anima del mondo"*.

Davvero la famiglia può essere il punto di partenza di una Chiesa, di una società, di un mondo profondamente rinnovati. Merita ed attende tutto il nostro impegno, la nostra fiducia e la nostra preghiera.

Preghiera a Cristo, divino seminatore

Il cammino di questo triennio pastorale, iniziato nel contesto domestico delle nozze di Cana, si apre ora al mondo con la parabola del seminatore, che vorrei riprendere nella preghiera. La gioia del Regno di Dio, del suo amore presente in mezzo a noi, ci chiede di uscire dalle nostre case, di andare per le strade della città e di esserne testimoni presso ogni uomo. Guardando a Cristo, divino seminatore, le nostre famiglie possano trovare vero slancio e fuoco vivo per essere davvero anima del mondo.

In comunione con Maria, e con tutta la Chiesa, affidiamo al Signore, alla fedeltà del suo amore, la vita e il futuro di ogni famiglia.

Guardiamo a te, Signore Gesù, divino seminatore:
ogni giorno i tuoi passi percorrono la terra,
la tua mano sparge con larghezza il buon seme
e la tua parola ridesta il mondo all'amore di Dio.

Insegna alle nostre famiglie
a riconoscere l'abbondanza del dono
e ad abitare questo mondo, vero campo di Dio,
con grata letizia e immensa fiducia.

Accoglieremo il seme della tua parola.
Aprici alla grazia altissima della nostra vocazione:
di essere famiglie veramente cristiane,
nella coraggiosa fedeltà all'amore coniugale,
nell'accoglienza aperta e responsabile della vita,
nella cura tenera e paziente della malattia.

Metteremo fronde.
Donaci saggezza, lungimiranza e rigore
nel collaborare tutti insieme
per offrire alle nuove generazioni
autentiche scuole di vita, di pensiero e di umanità.

Daremo frutto.
Sostieni il nostro impegno a pagare di persona
per assicurare a ogni famiglia
il calore di una casa aperta e ospitale,
la dignità di un lavoro onesto e umano,
la gioia di vivere nella gratuità e di fare festa.

Nello sguardo del divino seminatore
i campi già biondeggiano di messi:
la città dell'uomo, confusa e lacerata,
già è abitata da famiglie ospitali,
che ne sono il cuore, la casa e l'anima.

Noi crediamo nella forza della tua risurrezione, o Cristo,
per questo lottiamo ogni giorno per una società più umana,
non smettiamo di gettare il seme della civiltà dell'amore
e di entrare nella profezia del tuo sguardo:
già vediamo scendere in mezzo a noi
le prime luci della Gerusalemme del cielo.

E tu Maria,
Albero della Vita e Figlia di Sion,
Madre della Chiesa e Regina della Famiglia,
prega per noi e ricolmaci di speranza!

+ Dionigi Card. Tettamanzi
Arcivescovo

Milano, 31 maggio 2008
Festa della Visitazione della Beata Vergine Maria

INDICE

Finito di stampare nel mese di giugno 2008
da Boniardi Grafiche - Milano